일생에 한 번은 행복을 공부하라

세계에서 가장
똑똑한 사람들도 행복을 배운다

일생에 한 번은
행복을
공부하라

Happier,
No Matter What

탈 벤-샤하르 지음 · 손영인 옮김

타미Tami, 데이비드David, 쉬렐Shirelle, 엘리아브Eliav에게.

무슨 일이 있더라도 사랑한다.

(목 차)

나는 지금 얼마나 행복할까? – 점검하기

행복은 어떻게 확인할 수 있을까? 행복을 좇는 대신 간접적인 다섯 가지 요소 '스파이어SPIRE'로 나누어 행복 수준을 측정하면, 내가 현재 얼마나 행복한지 객관적이고 구체적으로 알 수 있다. 책을 읽기 전 우선 아래 문항에 점수를 매겨 본다. 이후, 책의 마지막(286쪽)에 위치한 같은 설문지를 다시 풀어 보자. 점수가 올랐는가? 그럼 당신은 분명히 어제보다 행복해진 것이다.

마음의 안녕 Spiritual wellbeing

직장에서 목적의식을 느끼며 일하는가?

| 1 | 2 | 3 | 4 | 5 | 6 | ⑦ | 8 | 9 | 10 |

거의 없다   드물다   자주 그렇다

집에서 자신이 의미 있다고 느끼는가?

| 1 | 2 | 3 | 4 | 5 | 6 | 7 | 8 | 9 | 10 |

현재에 충실한가?

| 1 | 2 | 3 | 4 | 5 | 6 | 7 | 8 | 9 | 10 |

자신의 마음에 집중하는가?

| 1 | 2 | 3 | 4 | 5 | 6 | 7 | 8 | 9 | 10 |

총점 (　 / 40)

몸의 안녕 Physical wellbeing

활발하게 움직이고 행동하는가?

1   2   3   4   5   6   7   8   9   10

자신의 신체적 건강을 돌보는가?

1   2   3   4   5   6   7   8   9   10

휴식과 회복을 위해 시간을 내는가?

1   2   3   4   5   6   7   8   9   10

스트레스가 쌓일 때 푸는 방법이 있는가?

1   2   3   4   5   6   7   8   9   10

총점 (/ 40)

배움의 안녕 Intellectual wellbeing

새로운 것을 배우려고 시도하고, 시간을 투자하는가?

1   2   3   4   5   6   7   8   9   10

모르는 것이 생기면 충분히 질문하는가?

1   2   3   4   5   6   7   8   9   10

관심 있는 분야에 깊이 빠져들 때가 있는가?

1   2   3   4   5   6   7   8   9   10

충분히 실패하고, 실패를 받아들이는가?

1   2   3   4   5   6   7   8   9   10

총점 (/ 40)

관계의 안녕 Relational wellbeing

가족이나 친구와 행복한 시간을 보내는가?

1   2   3   4   5   6   7   8   9   10

주변 사람들과 깊은 관계를 맺는가?

1   2   3   4   5   6   7   8   9   10

자신을 충분히 돌보는가?

1   2   3   4   5   6   7   8   9   10

남에게 베푸는가?

1   2   3   4   5   6   7   8   9   10

감정의 안녕 Emotional Wellbeing

일상에서 기분 좋은 감정을 경험하는가?

1　　2　　3　　4　　5　　6　　7　　8　　9　　10

고통스러운 감정을 피하지 않고 받아들이는가?

1　　2　　3　　4　　5　　6　　7　　8　　9　　10

주변의 존재를 당연하게 여기지 않으려고 노력하는가?

1　　2　　3　　4　　5　　6　　7　　8　　9　　10

현재 가지고 있는 모든 것에 감사하는가?

1　　2　　3　　4　　5　　6　　7　　8　　9　　10

총점 (　/ 40)

행복 점수(SPIRE) 총점　　　　　　　(　/ 200)
점수가 가장 높은 요소 (마음 / 몸 / 배움 / 관계 / 감정)
점수가 가장 낮은 요소 (마음 / 몸 / 배움 / 관계 / 감정)

내게 행복을 만족스럽게 설명해 주는
유일한 정의는 완전함이다.

– 헬렌 켈러Helen Keller

무슨 일이 있더라도
우리는 더 행복해질 수 있다

"탈, 지금은 행복을 격려해야 할 때 아니야?"

친구가 이렇게 물은 적이 있다. 반은 농담으로, 반은 진담으로 하는 질문이었다.

당시는 전 세계를 휩쓴 코로나 팬데믹의 영향에 깊게 빠져 있을 때였다. 특히나 버티기 힘든 위기가 연달아 발생했다. 우리는 아팠거나, 아플까 봐 두려워하거나, 사랑하는 사람의 죽음 때문에 상상조차 할 수 없는 고통을 견뎌야 했다. 일자리를 잃는 아픔을 겪은 이도 있다. 부모들은 일과 육아라는 서로 어긋나는 의무 사이에서 균형을 맞추느라 시달렸다. 가정과 학교에서는 아이들을 등교시키는 게 과연 안전한 일일지 고심했다. 그리고 우리 모두가 가족과 친구로부터 고립되었다는 불안에 시달렸다. 스트레스가 쌓이면서 우울증 안개가 많은 이를 덮었다. 저녁 외식이나 연극 보러 가기처럼 쉬고 싶을 때 대수롭지 않게 하던 활동들이 하룻밤 사이에 불가능해졌고, 휴가나 결혼식처럼 손꼽아 기다리던 기념 행사도 갑자기 취소됐다. 바이러스를 막고, 자신과 남을 보호하고자 쓴 마스크 때문에 길거리에서 낯선 사람과 미소를 나누는 일조차 어렵게 됐다.

이 새로운 현실 속에서 행복을 연구하고 찾는 게 타당하기는 할까? 코로나바이러스라는 대하소설이 시작한 이후로 많은 사람이 앞에서 질문한 내 친구처럼 행복에 관한 노력이나 연구는 당분간 보류해야겠다는 심정을 내보였다. 물론 모든 것이 예전으로 되돌아간다면 그때는 다시 행복을 살펴보겠다고도 덧붙였다. 다만 전 세계에서 벌어지고 있는 일을 고려한다면 지금은 행복에 대해 말하기 부적절하므로 잠깐 멈춰야 하지 않느냐는 말이었다.

이 질문에 대한 나의 대답은 '아니오'이다. 우리는 행복을 격리해서는 안 된다. 절대 미뤄서도 안 된다! 사실 어려운 시기에는— 힘든 이유가 무엇이든 간에 — 행복에 관해 연구하

16

들어가며

고 이야기하는 것이 그 어느 때보다 중요하다.

고난을 이겨 내고 성장하기

인간이 겪는 대부분의 경험은 부정-중립-긍정으로 이어지는 선 위에 놓을 수 있다. 예를 들어 아픔, 고통, 불행, 고난은 부정 쪽에 놓일 것이고 만족, 기쁨, 행운, 편안함은 긍정 쪽에 놓을 수 있겠다. 딱 중간에는 영점이라고 할 수 있는 '난 괜찮아' 점이 있다.

```
- 5   - 4   - 3   - 2   - 1   0   1   2   3   4   5
●──────────────────────────●──────────────────────────●
부정                      중립                      긍정
```

많은 사람이 중립과 긍정 사이의 감정을 다루는 것이 행복학의 역할이라고 생각한다. 다시 말해, 지금 상태가 괜찮거나 그 이상이라면 행복과 관련된 연구 결과가 도움 된다고 믿는다. 반대로 상태가 괜찮지 않다면— 즉, 슬프거나 불안하거나 힘들고 고된 시기를 보내고 있다면— 심리 치료나 약물 치료

만이 소용 있으리라고 여긴다. 물론 나는 전문가에게 도움 구하는 것을 전적으로 지지한다. 전반적으로 잘 지내고 있을 때든 삶을 통제할 수 없다고 느낄 때든 심리 상담은 도움이 된다. 또한 항울제나 항불안제 같은 약물은 많은 생명을 구해왔으며, 나는 담당 의사와 상의하지 않고 약물 복용을 중단하는 것은 절대로 추천하지 않는다. 그러나 행복학의 도움을 받으려면 먼저 '중립'까지는 도달해야 한다는 판단은 분명 잘못되었다.

행복에 관한 연구는 인간이 겪는 모든 경험과 관련되어 있다. 당연히 상태를 3에서 5로, 편하게 지내는 정도에서 정말 잘 지내는 정도로 올라가게 할 수도 있다. 하지만 우리가 -3 혹은 -5의 상태에 있을 때라면 행복학은 더욱더 유용하다. 좋았던 때로 되돌아가거나 그 이상으로 수치를 솟아오르게 할 수 있으니 말이다. 그게 가능한 이유는 행복학이 우리의 심리적 면역 체계를 강화시키기 때문이다.

물론 신체적 면역 체계와 마찬가지로, 심리적 면역 체계가 강해진다고 해서 우리가 아플 일이 사라지는 건 아니다. 다만 병에 덜 걸리게 되고, 병을 앓는다고 해도 더 빨리 회복한다. 행복학은 우리를 아주 약간이라도 더 행복해지게 한다. 우리가 긍정과 부정 사이 어느 지점에 있든 말이다. 또한 괴로움과 고난을 맞닥뜨렸을 때 더 잘 대처할 수 있도록 우리를 준비시켜 주기도 한다.

심리적 면역 체계가 강하다면 기존까지 회복하거나 혹은 탄성을 넘는 단계로 나아갈 수 있다. 내가 '탄성 2.0 버전'이라고 여기는 안티프래질antifragile 상태에 도달할 수 있는 것이다. 안티프래질이란 작가이자 인식론자, 통계학자인 뉴욕대학교의 나심 탈레브Nassim Taleb 교수가 소개한 개념이다.[1] 안티프래질을 이해하려면 공학 용어인 탄성이라는 개념을 먼저 알아야 한다. 특정 물질이나 소재가 압력을 이겨 낸 후 원래의 모습이나 위치로 돌아가면 탄성력이 있다고 본다. 아래로 떨어뜨리면 원래의 위치로 다시 튀어 오르는 공을 떠올리면 된다. 탈레브는 어떤 물질이나 소재가 압력을 견딘 후 그에 따른 결과로 원래 상태 이상 힘이 세진다면 그것은 '안티프래질하다'고 정의했다. 탄성력 있는 공이 원래 위치까지 되돌아간다면, 안티프래질한 공은 그보다 더 높이 올라간다.

보다 넓게 말하자면, 안티프래질 체계에서는— 대상이 무생물이든 사람 형태의 생물이든, 관계, 여러 사람이 이룬 무리, 심지어 국가이든 간에— 고난을 이겨 내고 나면 결국 더 강하고 행복해진다.

19세기 독일 철학자 프리드리히 니체Friedrich Nietzsche의 명언인 "날 죽이지 않는 모든 것은 날 더 강하게 만든다"가 안티프래질을 잘 묘사한다. 우리는 역경 이후 더 성장하고 안티프래질해진다. 극도로 고생한 후라도 가능하다. 트라우마는 우리를 더 약하게 혹은 더 강하게 만들며 우리를 주저앉히거나 일으킨다.

노스캐롤라이나대학교 심리학과 교수인 리처드 테데스키Richard Tedeschi와 로런스 캘훈Lawrence Calhoun은 고난을 겪은 사람들이 외상 후 스트레스 장애PTSD; post-traumatic stress disorder보다 외상 후 성장PTG; post-traumatic growth을 더 크게 경험한다고 주장한다.[2] 많은 사람이 아는 것처럼 충격적인 사건을 경험하고 나면 사람들은 그 사건의 충격을 다시 떠올리게 되고, 불안과 우울에 시달리며, 집중하기 힘들거나 잠들기 어려워지는 고통스러운 증상을 겪는다. 하지만 이로운 측

면도 있는데, 바로 외상 후 성장이다. 불행하게도 외상 후 성장이 반드시 나타난다고 보장할 수는 없다. 하지만 가능성을 크게 높일 수 있는, 우리가 적용할 만한 특정한 조건은 있다. 내가 보기에 행복학의 가장 중요한 목표는 자신은 물론 개인, 가족, 단체, 지역 사회가 이런 조건을 이해하고 활용하도록 나서서, 팬데믹을 비롯한 모든 고난과 어려움으로부터 성장하도록 돕는 것이다. 더 안티프래질해지기 위해 우리가 할 수 있는 일은 매우 많다.

리서치research를 넘어 미서치me-search로

내가 이 책을 쓴 이유는 독자가 혼란스러운 이 시대에 마음을 붙들어 맬 무언가를 찾아 의지하고, 더 중요하게는 삶에 바로 적용할 수 있는 아이디어를 얻도록 하기 위해서다. 나는 심리학자이자 교수이고, 직업상 리서치, 즉 자료 연구에 굉장히 많이 의지한다. 하지만 리서치보다 더 필요한 것은 '미서치'이다.

리서치는 다른 사람들이 무엇을 했는지 살피고, 그들의 행동을 분석하며, 이 과정에서 얻은 결과로부터 배우는 활동이다. 미서치는 같은 방법으로 자신을 들여다보고 그렇게 해서 생긴 변화를 실험하는 것이다.

나는 전기傳記를 매우 좋아한다. 전기에는 배울 점이 무척이나 많다. 특별하고 뛰어난 업적을 남긴 사람들의 전기라면 더욱 그렇다. 내가 좋아하는 전기 중 하나는 존경받는 인도의 지도자이자 운동가인 마하트마 간디의 자서전으로, 부제는 '내가 실험한 진실 이야기The Story of My Experiments with Truth'다. 이 표현에 주목하길 바란다. '내가 찾은 진실'도 아니고 '내가 발견한 진실'도 아니다. '내가 실험한 진실'이다. 간디는 그의 생애 내내 사회 정의를 지키며 여러 방법으로 실험했다.

이 책에서 독자인 여러분은 행복에 관한 많은 연구 결과를 접할 것이다. 그리고 이 내용을 삶에 적용할 수 있는 조언도 얻을 수 있을 것이다. 나는 무엇보다 독자가 여러 연구와 조언을 자신에게 어떤 식으로 적용할 수 있는지 직접 확인하고, 실제로 시도해 보기를 바란다. 책에서 소개하는 전략 중 일부는 현재 시점에서도 독자와 연관성이 매우 높을 수 있다. 일부는 앞날에 도움이 될지도 모른다. 그리고 전혀 관련

없는 내용이 있을지도 모른다. 하지만 진짜로 나에게 도움이 되는지 아닌지는 시도해 보지 않고선 알기 어렵다.

특히 미래가 불확실한 시대일수록 부모로서 혹은 직원으로서, 사생활에서 혹은 일터에서, 우리가 무엇을 해야 하고 하지 말아야 하는가에 관한 조언이 너무나도 많다. 이 책을 통해 나는 근거를 기반으로 정리한 농축된 정보를 전달할 수 있기를 바란다. 독자가 심리학적 연구를 토대로 미서치를 하고, 혼돈 속에서 약간의 질서를 확보할 수 있도록 말이다. 나는 여러분에게 당장 적용할 수 있는, **지금** 더 행복해지기 위한 전략을 전하고 싶다.

나는 나의 불행 때문에 행복을 연구하기 시작했다. 우울증이라고 의학적으로 구분 짓는 문턱을 넘었는지는 모르겠지만 나는 한때 슬픔과 스트레스를 깊게 경험했고, 그로 인해 긍정 심리학에 관심을 두게 되었다. 30여 년이 지난 지금, 사람들은 내게 묻는다. "그래서 마침내 지금은 행복한가요?" 이에 대한 내 대답은 "모르겠어요"이다. 다만 예전보다 **더 행복하다**는 사실은 알고 있다. 이 책을 계속 읽다 보면 알겠지만 안티프래질을 쌓는 목적은 언제나 행복한 삶을 살기 위해서가 아니다. 나는 매 순간 행복한 삶이 존재한다고 믿지 않는다. 행복과 불행은 고정된 상태가 아니며 한쪽이 아니면 반드시 다른 쪽이어야 하는 이원 상태도 아니다. 즉, 특정한 점을 경계로 행복하다거나 불행하다고 정해지는 것이 아니라는 말이다. 행복은 연속체 안에 있다. 나는 지난 30년간 이 연속체에 대한 많은 연구를 진전시켰고, 지금으로부터 5년 혹은 10년이 지났을 때 오늘보다 더 행복하기를 기대한다. 독자분들 역시 더 행복하기를 바란다. 이 책의 원제가 『무슨 일이 있더라도 행복하게Happy, No Matter What』가 아니라 『무슨 일이 있더라도 더 행복하게Happier, No Matter What』인 이유이다(*편집자 주: 한국판 제목은 국내 분위기에 맞춰 『일생에 한 번은 행복을 공부하라』로 정했다). 행복해지기란 생이 끝날 때 끝나는, 평생 이어지는 여정이다.

성공하면 행복해질까?

도대체 행복이란 정확히 뭘까? 행복은 왜 중요하고, 우리는 어떻게 행복을 쟁취할 수 있을까?

정의를 내리기 전에 행복에 대해 널리 퍼진 깊은 오해를 지적하고, 우리 인생에서 행복의 역할과 어떻게 해야 행복해질 수 있는지를 알려 주는 연구 몇 개를 소개하고자 한다. 많은 사람이 행복해지려면 우선 성공해야 한다고 믿는다. '내 꿈을 이룰 수만 있다면, 그러니까 이 목표를 달성한다면, 저 기준에 도달하기만 한다면 난 행복할 텐데.' 반대로 큰 실패를 하면 이렇게 생각한다. '내 꿈은 이제 끝났어. 모든 걸 망쳤어. 목표를 이루지 못했으니 이제 절대로 행복해지지 못할 거야.' 이 공식에 따르면 성공은 원인이고, 행복은 결과가 된다. 하지만 이는 잘못됐다. 조금만 잘못된 게 아니라 **아주 많이** 잘못됐다.

성공이 행복을 부른다는 공식에 이의를 제기하는 연구 결과는 많다. 하버드대학교의 교수인 대니얼 길버트Daniel Gilbert는 대학교수로서 가장 중요한 시점을 맞이한 이들을 연구한 적이 있다. 바로 종신 재직권 통보를 기다릴 때였다.3 길버트는 연구 대상인 교수들에게 종신 재직권이 결정되면 기분이 어떨지 물었다. 대부분 종신 재직권을 받게 되면 아주 오래 행복할 것 같다고, 받지 못하면 긴 시간 마음이 힘들

것 같다고 답했다. 심사에 때로는 15년이나 걸리는 종신 재직권은 교수들에게 성배와 다름없으니 말이다. 종신 재직권은 평생 고용을 의미한다. 즉, 논문을 발표해야 한다는 압박을 받지 않아도 된다는 말이다. 그렇다면 발표가 난 후 실제로 무슨 일이 일어났을까? 종신 재직권을 받은 교수들은 황홀할 정도로 기뻐했고 떨어진 교수들은 당연히 비탄에 빠졌지만, 이 중요한 소식이 교수들의 행복과 불행에 장기적으로 미친 영향은 미미했다. 달리 말하자면, 교수들은 큰 성공 혹은 실패가 자신의 행복에 미치는 영향을 엄청나게 과대평가한 셈이다. 교수 대부분은 이 결과가 삶을 바꿀 정도로 중대하리라고 인식했지만, 일시적으로 기분을 좋게 만들거나 나쁘게 하는 것으로 그쳤다.

복권 당첨자를 대상으로 실시한 비슷한 연구도 있다.[4] 복권에 당첨되면 모든 게 **영원히** 좋아지리라고 믿는 이가 얼마나 많은가. 하지만 이 횡재에도 불구하고 그렇게 되지는 않는다. 복권 당첨자는 종신 재직권을 받은 교수처럼 엄청나게 기뻐한다. 하지만 평소 자신의 삶이 불행하다고 여긴 당첨자는 대개 잠시 아주 높은 행복 수준을 경험한 후 예전의 심리 상태로 돌아갔다. 변화가 없는 것이다. 결혼이나 실직 같은 큰일을 겪을 때도 마찬가지다. 일시적으로 기분이 좋아지거나 나빠진 후에는 사건이 발생하기 전 우리가 있었던 행복 연속체의 위치로 돌아간다.

하버드대학교에서 수업할 때, 학생들을 대상으로 비공식적인 설문조사를 한 적이 있다. 학생 천여 명에게 지난봄이나 그 전해 4월 2일을 떠올려 보고, 어떤 감정이었는지 물었다. 왜 4월 2일일까? 그날은 '합격을 축하드립니다!' 혹은 '유감입니다. 올해 경쟁률이 매우 높았습니다'라고 적힌 대학 입시 결과서가 우편함에 도착한 날이기 때문이다(요즘은 이메일로 보내 주는 편이다). 물론 질문을 들은 학생은 내 수업에 와 있었으니 전부 합격 통지서를 받은 이들이었다. 나는 이렇게 말했다. "그해 4월 2일, 기분이 '매우 기뻤다'와 '황홀했다' 사이였던 사람은 손 들어 보세요." 학생 대부분이 손을 들었다. 나는 이어서 말했다. "그 4월 2일에 남은 평생이 행복할 거라고 생각했던 사람은 계속 손을 들고 있어요." 역시 대부분이 계속 손을 들고 있었다. 왜 그랬을까? 그것은 이들이 학창 시절 내내 들었으며, 결국 믿게 된 말이었기 때문이다. 맞다. 그들은 "수험생인 지금은 힘들고 스트레스가 쌓이고 비참하다고까지 생각하겠지만, 모든 이가 선망하는 최고의 대학에 입학한다면 이 모든 고생은 영원히 가치 있을 거야"라는 말을 쭉 들어 왔을 것이다. 나는 또 말했다. "좋아요. 이제는 **오늘** 자기가 행복하다고 생각하는 사람만 계속 손을 들고 있어요." 나는 '매우 행복하다고 생각한다면'이라고 하지 않았다. '황홀할 정도로 행복하다면'이라고도 하지 않았다. 그냥 '행복하다면'이라고 말했다. 대부분은 손을 내렸다.

많은 학생이 스트레스를 경험하며 주어지는 모든 일에 주눅이 든 상태이다.[5] 10대와 청년층이 겪는 우울증의 수준은 급상승했으며, 이러한 현상은 이전부터 진행 중이었다.[6] 이렇듯 정신 건강에 도움이 되지 않는데도 사람들은 성공이 자신을 행복의 땅으로 이끌어 주리라 믿고 있다.

그렇지 않다! 성공은 기분을 들뜨게, 실패는 기분을 우울하게 하기는 하지만, 변동은 금세 사라지며 그 자체가 행복하거나 불행한 삶을 형성하진 않는다. 그렇다면 성공과 행복은 관계가 없다는 뜻일까? 아니다. 사실 아주 밀접한 관계가 있다. 하지만 이 관계는 대부분이 생각하는 것과는 반대다. 성공이 우리를 행복으로 이끌어 주는 것이 아니다. 오히려 **행복이 우리를 성공으로 이끌어 준다.**

행복은 왜 중요한가

심리학자와 조직학자 들은 아주 조금씩이라도 안녕의 수준을 높인다면 훨씬 더 성공하게 된다고 꾸준히 주장한다.7 여기서 성공이란, 목표를 달성한다는 전통적인 의미만이 아니라 더 넓고 다차원적인 의미이다. 부모로서, 동반자로서, 직원으로서, 지도자로서, 친구로서 더 성과를 낸다는 뜻이다.

　행복 수준을 아주 약간이라도 높이면 일하는 어른이든, 공부하는 학생이든 창의력과 독창성이 더 높아진다. 직장과 학교에서의 생산력과 참여도도 안녕한 정도의 증가량에 따라 크게 좌우된다. 행복 수준이 오르면 우리는 더 친절해지고 너그러워지며 폭력을 행사하거나 비도덕적인 행동을 할 가능성도 전반적으로 줄어든다. 정신적 면역 체계와 생리적 면역 체계는 연결되어 있기 때문에 행복할수록 심리적 탄성과 신체적 탄성도 강해진다. **행복한 사람은 더 건강하고, 질**

병을 더 잘 이겨 내며, (다른 모든 요인이 같다고 할 때) 더 오래 산다![8]

행복 수준이 올라가면 그 덕을 보는 것은 자신만이 아니다. 행복은 관계를 좋게 만들기 때문에 특히나 한곳에서 같은 사람들과 긴 시간을 머물러야 하는 상황이 장기화되는 시기에 더욱 중요하다.[9] 행복하다고 해서 가정 내 갈등이 사라지는 것은 아니다. 여전히 불만이 생기고, 불화를 겪을 수 있다. 같은 사람과 이렇게 오랜 시간을 붙어 지내야 한다는 게 자기 머리카락을 뽑아 버리고 싶을 정도로 참을 수 없는 날도 있을 것이다. 그래도 괜찮다. 다 '인간답게 사는' 삶의 일부니까 말이다. 하지만 좀 더 안녕하게 지내면 관계가 공격받는 일은 줄어들고, 공격을 받는다고 해도 맞설 준비가 더 잘 갖춰질 것이다. 게다가 행복은 전염되기 때문에 나의 행복을 키우면 주변에 있는 이들도 더 행복해진다. 따라서 더 행복한 세상, 더 좋고 더 건강하고 더 윤리적인 세상을 만드는 데 기여할 수 있다.

행복이란?

행복을 뜻하는 단 하나의 합의된 정의가 없다는 사실은 놀랍지 않을 것이다. 어쩌면 행복에 대한 묘사는 인간의 수만큼 다양할지도 모른다. 이 분야의 전문가를 포함한 많은 사람이 행복은 아름다움과 같다고 주장하는 이유다. 직접 보거나 경험하면 알 수 있다는 말이다. 그럼에도 나는 행복을 이해하고 추구하고 확보하기 위해 행복을 정의하는 과정이 중요하다고 주장한다. 내가 내리는 정의에 동의하지 않아도 좋다. 나는 여기서 궁극적인 진리를 주장하려는 게 아니다. 그러니 내 정의를 사용하든 다른 정의를 사용하든 상관없다. **자신**에게 행복이 무엇인지 생각해 보고 이를 세분화한 다음, 행복을 어떻게 얻을 것인지 파악하는 것이 중요하다.

내가 제안하는 정의는 동료 학자인 메건 맥도너Megan McDonough, 마리아 시로이스Maria Sirois와 발전시킨 것으로 헬렌 켈러의 글에서 따왔다. 헬렌 켈러는 20세기 초에 이렇게 썼다. "내게 행복을 만족스럽게 설명해 주는 유일한 정의는 완전함이다."[10] 켈러의 말을 확장해, 우리는 행복을 **완전한 사람의 안녕**이라고 정의한다. **완전한 사람**과 **안녕**이라는

두 표현을 합쳐 더 간결하게 표현하기도 한다. '**행복은 완전한 것이다.**'

행복이 무엇이냐는 질문에 "완전한 것입니다!"라고만 답할 수 있으면 얼마나 좋을까? 하지만 두 가지 이유로 그렇게 간단하지는 않다. 우선 이 정의가 정말로 우리 삶에 도움이 되고, 실질적으로 적용할 수 있으려면 '완전한 사람의 안녕'이라는 정의를 작게 쪼개서 더 쉽게 만들어야 한다. 다음 단락에서 그렇게 할 것이다. 이 정의가 충분하지 않은 두 번째 이유는 행복 추구에 내재된 역설 때문이다.

행복의 역설

더 행복해지면 좋은 점이 많다. 신체적 면역 체계가 강해지고, 관계는 성장하며, 생산력과 창의력이 증가하고, 직장이나 학교에서의 전반적인 성과도 향상된다. 이 모든 이점을 제외하고도, **행복의 가치는 단순히 '기분이 좋다'는 이유로 더 기분이 좋아진다는 데 있다.** 즐거움은 얻고 아픔은 피하며, 고통의 무게보다 기쁨이 주는 두근거림을 경험하려는 마음은 우리의 본능이다.

하지만 실질적인 문제도 있다. 행복 혹은 더 행복해지는 일에 너무나도 많은 가치를 부여하는 것은 오히려 행복 추구에 방해된다는 연구 결과가 있다. 캘리포니아대학교 버클리 캠퍼스의 심리학자 아이리스 마우스Iris Mauss는 행복을 아주 중요하게 여기는—"행복은 내게 가장 중요한 가치야"라고 주장하는— 사람들은 결국 덜 행복하고 더 외롭게 되었다고 밝혔다.11 행복이 자신에게 얼마나 중요한지, 행복해지기를 얼마나 바라는지 끊임없이 되뇐다면 역효과가 날 수 있다는 말이다.

이것이 행복의 역설이다. 우리가 행복에 가치를 부여하고 행복을 더 원할수록, 행복은 우리를 피해 떠나간다.

더 행복해지려고 노력 중이라면 이 역설을 어떻게 해결할 수 있을까? 자신을 속여야 할까? 마음 깊은 곳에서는 비밀스럽게 행복해지고 싶어 하면서도 겉으로는 상관 안 한다며 스스로 거짓말을 해야 할까? 자신에게 '난 행복해지고 싶지 않아(찡긋)'라고 말하기라도 해야 할까? 점점 복잡해진다! 다행히 이 문제를 해결할 방법이 있다. 행복을 **간접적으로** 추구하는 것이다.

아침에 일어나 자신에게 "난 행복해지고 싶어, 무슨 일이 있더라도 행복해질 거야!"라고 말한다면 이는 직접적으로 행복을 추구하는 행동이다. 이렇게 의도적으로 행복을 좇게 되면 자신에게 행복이 얼마나 중요한지, 스스로 행복을 얼마나 높게 평가하는지를 상기하게 된다. 따라서 자신이 생각보다 행복하지 않다고 판단하게 되면 도움보다는 상처를 받는다. 그렇다면 간접적으로 행복을 좇는다는 건 무슨 뜻일까? 행복 자체를 위해 노력하기보다 자신을 **행복으로 이끄는 요소**를 추구하는 것이다. 이렇게 하면 행복 자체보다 지표 하나하나의 가치에 집중할 수 있다.

비유로 더 설명해 보겠다. 지구 위 생명에 필수인 햇빛을 떠올려 보자. 햇빛을 **직접** 보면 어떻게 될까? 눈이 아플 테고 눈에 상처를 입거나 실명할 수도 있다. 하지만 햇빛을 분산해 무지개로 보여 주는 프리즘을 통해 **간접적**으로 볼 수도 있다. 햇빛을 즐기는 더 나은 방법이다.

행복도 마찬가지다. 행복을 직접 추구하려고 하면 불행으로 이어진다는 게 여러 학자가 발견한 사실이다. 반대로 행복을 간접적으로 추구하면—먼저 행복을 여러 요소로 나눈

후 이 요소들을 쫓는다면— 실제로 더 행복해질 수 있다. 19세기 철학가 존 스튜어트 밀John Stuart Mill은 이렇게 말했다. "행복한 자들은 (중략) 자신의 행복이 아닌 다른 대상에 집중하는 이들이다."12

이제 우리에게 중요한 질문이 남는다. 그렇다면 '우리가 집중해야 할 대상은 도대체 무엇인가.' 우리가 **추구해도 되는**, 우리가 빛을 향하도록 간접적으로 인도할, 완전한 사람의 안녕을 이루는 비유의 무지개 색은 과연 무엇일까?

스파이어SPIRE를 높이는 법

나는 동료들과 행복으로 가는 길을 찾고 발전시키며—전 세계 지성의 역사를 꼼꼼하게 살피고, 시인, 철학자, 신학자부터 과학자, 경제학자, 심리학자 들의 사상을 모으는 과정을 통해— 행복을 향해 간접적으로 이끌어 주는 다섯 가지 핵심 요소를 발견했다. 바로 마음spiritual, 몸physical, 배움intellectual, 관계relational, 감정emotional의 안녕이다.13 이 다섯 가지 요소는 각각 완전한 사람의 안녕에 기여해 더 많은 행복을 얻게 하는 열쇠이다. 다섯 단어의 첫 글자를 합치면 스파이어SPIRE가 된다.

각각의 요소는 다음과 같이 설명할 수 있다.

Spiritual wellbeing(마음의 안녕): 마음을 챙기는 자세로 목적의식을 갖고 사는가?

마음의 안녕이란, 의미와 목적의 가치를 찾는 것이다. 물론 종교와 관련된 내용일 수도 있지만 반드시 그런 것은 아니다. 자기 일을 천직으로 여기는 은행원은 일에 의미가 결여되었다고 생각하는 수도사보다 더 크고 영적인 마음의 안녕을 경험할 것이다. 또한 과거, 다른 곳에서 있던 일로 산만할 때보다 지금, 이 자리에 집중할 때 마음의 안녕을 더 크게 누릴 수 있다. 주의를 기울이는 자세를 유지한다면 우리는 평범한 경험도 특별한 경험으로 끌어올릴 수 있다.

Physical wellbeing(몸의 안녕): 몸을 소중히 돌보는가?

마음과 몸이 어떻게 연결되어 있는지, 그리고 마음과 몸이 서로 어떤 영향을 주고받는지에 관한 부분이다. 몸의 안녕은 운동처럼 몸을 움직이는 활동과 휴식, 치유 등 쉬는 상태를 통해 우리를 보살피며 얻을 수 있다. 건강하게 먹는 등, 우리의 몸을 애정으로 다룬다면 신체적, 정신적 안녕을 키울 수 있다.

Intellectual wellbeing(배움의 안녕): 도전을 좋아하고 호기심을 유지하는가?

우리는 항상 생각을 단련하고 새로운 것을 배워야 한다. 지난 몇 년간의 팬데믹이 가져다준 좋은 점 중 하나는 많은 사람이 예전보다 집에서 시간을 더 보내게 되었고, 지적인 발전과 성장에 더 많은 시간을 활용하게 되었다는 것이다. 끊임없이 질문하고 배우기를 열망하는 사람들은 더 행복할 뿐만 아니라 더 건강하다는 연구 결과가 있다. 실제로 호기심은 장수하는 데 도움이 된다![14]

Relational wellbeing(관계의 안녕): 자신을 성장하게 하는 관계를 돌보는가?

행복을 예측하는 가장 중요한 요소는 우리가 아끼고, 동시에 우리를 아끼는 사람들과 보내는 소중한 시간이다. 우리는 사회적 동물이기 때문에 다른 이들과 연결되어 있다는 소속감을 느껴야 한다. 하지만 타인과의 관계만 중요한 것은 아니다. 우리 자신과의 관계도 중요하다. 프랑스 철학자 블레즈 파스칼Blaise Pascal은 이렇게 말했다. "인간의 모든 문제는 혼자서 가만히 앉아 있지 못하는 것에서 기인한다." 격리되어 있다고 반드시 소외감을 느껴야 하는 것은 아니다. 가까운 이들과 떨어져 지낼 때조차도 더 건강하고 행복한 관계를 키우는 방법이 존재한다.

Emotional wellbeing(감정의 안녕): 나의 감정은 존중받고 다양한 감정이 균형을 이루는가?

피할 수 없는 고통스러운 감정이 일어날 때 무엇을 해야 할지 이야기한다. 어떻게 기쁨, 감사, 신남과 같은 기분 좋은 감정을 더 느낄 수 있을까? 그리고 어떻게 하면 감정의 봉우리에 올라 일시적으로 즐기는 대신 더 높은 안녕의 평면에 오래 머물 수 있을까?

이 다섯 가지가 지금부터 자세하게 알아볼, 행복을 간접적으로 형성하는 요소, 스파이어다. 영어 단어 스파이어spire는 교회의 종탑처럼 건물의 가장 높은 부분인 첨탑을 가리킨다. 행복은 우리가 지향하는 가장 높은 지점이자 닿고자 하는 별이다. 스파이어는 또한 숨을 가리키는 어근이기도 하다. 행복은 우리를 숨 쉬게 하고, 우리의 에너지와 참여 동기를 높여 준다. 전부 합하면, 스파이어라는 다섯 가지 요소는 우리가 최고의 삶을, 더 행복한 삶을 살도록 북돋아 준다.

❦ 그렇다면 재정의 안녕은? ❦

최근 누군가 내게 이렇게 말했다. "스파이어에 여섯 번째 요소를 추가해야죠. 재정의 안녕이요." 그가 처음으로 이를 제안한 사람은 아니다. 학생들에게 스파이어 개념에 관해 얘기하면 그중 누군가는 보통 이렇게 말한다. "돈은요?" 그는 한발 더 나아가 이렇게 덧붙였다. "'재력의affluential 안녕'이라고 하면 되겠어요. 그렇게 하면 '열망하다'라는 뜻인 아스파이어ASPIRE가 되니 여전히 약자도 잘 들어맞고요!" 나는 실제로 이 제안에 대해 고민했다. '재력의 안녕'을 더해 행복의 요소를 아스파이어로 하지 않은 이유는 스파이어에 이미 재정의 안녕이 포함돼 있다고 보기 때문이다. 스파이어의 다섯 가지 요소는 인간의 일차적인 특성이고 재정의 안녕은 이차적인 특성이다. 이렇게 일차적, 이차적 특징으로 계급을 나누는 것에 관해 철학자들은 뭐라고 할까? 아리스토텔레스Aristoteles는 인간은 이성적인 동물이라고 했다.

즉, 배움의 안녕과 관련이 있다. 심리학자 빅터 프랭클Viktor Frankl과 실존주의자들은 사람은 의미를 추구하는 동물이라고 했다. 마음의 안녕과 관련된 말이다. 시인 존 던John Donne은 "그 누구도 섬은 아니다"라고 썼다. 우리는 다른 이들과의 교류가 필요한 관계적인 동물이라는 뜻이다. 신경과 의사인 지크문트 프로이트Sigmund Freud나 철학자 데이비드 흄David Hume의 설명을 덧붙이지 않아도 될 만큼, 감정은 인간으로 사는 데 반드시 필요하다. 몸의 안녕을 다뤄 보자면, 이는 우리 존재의 동물적인 부분을 보살피며 당연하게도 우리 본질의 일부를 차지한다(앞서 이성적인 동물, 의미를 추구하는 동물이라고 말한 것처럼 말이다). 하지만 인간을 재정적인 생물 혹은 동물로 여기는 사람은 거의 없다. 돈은 우리의 마음, 몸, 배움, 관계, 감정에 영향을 미칠 수는 있지만, 인간의 조건에 들어가는 고유한 특성이라기보다는 도구이다.

그렇다고 재정의 안녕이 대수롭지 않다는 말은 아니다. 반대로 의식주라는 기본적인 필요의 충족은 우리가 완전한 존재로서 삶을 경험하는 데 필수적이다. 만약 가난해서 기본적으로 갖춰야 할 물건도 가질 수 없다면 당연히 이는 자신과 가까운 이들에게 영향을 줄 것이다. 그러니 재정의 안녕은 매우 중요하다. 어려움을 직면하게 될 가능성이 큰 위기 상황에서는 특히 그렇다. 돈은 우리의 기본적인 필요가 충족되는 지점까지는 행복에 영향을 미친다. 하지만 그 지점을 넘게 되면 더 부유하다는 점이 우리가 완전한 존재가 되는 데 크게 기여하지는 않는다. 일단 기본적인 필요를 충족할 돈이 충분히 확보되면 행복에 더 큰 영향을 미치는 기준은 돈을 얼마나 더 많이 가졌느냐가 아니라 돈을 어떻게 사용하느냐이다. 어느 연구 결과에 따르면 (추가로 옷을 더 사는 것처럼) 물건에 돈을 쓰는 것보다 (추가로 여행을 더 가는 것처럼) 경험에 돈을 쓰는 것이 더 큰 행복으로 이어진다.15 직관과는 반대되겠지만, 우리가 할 수 있는 다른 행동은 '주는 것'이다. 다른 이들을 도울 때 더 커지는 행복에 관해서는 나중에 더 자세히 살펴볼 것이다.

들어가며

마지막으로 스파이어의 다섯 가지 요소를 추구한다고 해서 재정의 안정을 보장받을 수는 없다. 하지만 성공과 행복의 관계를 고려하면 행복이 재정에 분명히 도움이 된다는 점은 명심하길 바란다.

진정한 변화는 가능하다

더 행복해지기 위해서는 우선 자신에게 행복을 늘릴 수 있는 힘이 있다는 것을 인식해야 한다. 리처드 데이비드슨Richard Davidson, 소냐 류보머스키Sonja Lyubomirsky, 제프리 슈워츠 Jeffrey Schwartz, 캐럴 드웩Carol Dweck 등의 심리학자와 신경과학자가 실시한 연구 결과는 **행복 수준은 변할 수 있고 실제로 변한다**는 사실을 분명히 보여 준다. 행복 수준은 고정된 것이 아니라 변형 가능하다.[16] 그렇다고 행복을 급격히, 빠르게 얻을 수 있다는 뜻은 아니다. 변화에는 시간이 걸린다. 하지만 작게 이기고 작게 얻는 것은 확실히 가능하다. 작게 얻고, 또다시 작게 얻기를 긴 시간 동안 반복한다면 결국에는 크게 얻게 된다.

비행기 여행과 조금은 비슷하다. 비행기 좌석 앞쪽에 비행 경로를 볼 수 있는 작은 모니터가 있다. 지도를 계속 보고 있으면 비행기는 움직이는 것 같지 않다. 하지만 잠이 들었다가(혹은 자기 위해 오랜 시간 애를 쓰다가) 침을 질질 흘리며 눈을 떴을 때 뭐가 보이는가? 지도 위 비행기 위치가 확실히 바뀌어 있다! 목적지에 가까워지고 있다! 마찬가지로 행복을 다룰 때도, 처음에는 너무 느려 변화를 감지할 수 없을지도 모른다. 그러나 시간이 지나면 상당히 진전해 있을 것이다.

아무리 많은 변화와 발전을 이루든, 그 과정에서 여전히 고난과 어려움과 고통에 직면하리라는 점을 언급하지 않을 수 없다. 행복학은 만병통치약이 아니다. 마법을 부리는 것도 아니고, 우리의 고뇌를 알아서 달래 주지도 않는다. **행복의 기능은 우리가 불필요한 고통을 피하도록 돕는 것이다.** 5장에서 더 논의하겠지만 역경에는 두 단계의 고통이 있다. 첫번째 단계는 경험에서 바로 오는 고통이다. 재정과 관련된 걱정이 생겼다거나 동반자와의 논쟁으로 기분이 언짢다거나 지인의 사망 때문에 마음이 아프다거나 하는 일이다. 이 첫번째 단계의 고통은 피할 수 없다. 하지만 두 번째 단계의 고통은 우리가 첫 번째 단계를 일부러 피하려고 할 때나 운동, 학습, 우정과 같은 기본적인 인간의 욕구를 충족하지 못했거

들어가며

나 현재에 충실하지 못하고 우리가 가진 전부를 소중하게 여기지 않을 때 생긴다. 이 책은 물론 다른 어떤 책도 첫 번째 단계의 고통을 피하는 데 도움을 줄 수는 없겠지만, 두 번째 단계의 고통을 줄이는 것은 확실히 도울 수 있다.

내가 대학원 과정을 마칠 무렵, 경기가 좋지 않았다. 박사 과정 일부를 경영대학원에서 보냈기 때문에 나는 학부생들의 진로 탐색을 돕게 되었다. 이력서를 쓰거나 입사 지원을 하거나 면접 준비를 돕는 일이었다. 하루는 취업 시장 현황을 알려 달라는 요청을 받았다. 나는 학생들 앞에서 솔직하게 말했다. "작년과는 상황이 달라요." 전년도 채용 담당자들은 특별 수당까지 제안하며 신입사원을 채용하려고 했다. 하지만 1년 후에는 반대로 기업에서 기존 직원을 해고하는 경우가 잦았다. "올해는 힘들 거예요. 일자리를 찾으려면 더 열심히 노력해야 할 겁니다." 이 말에 한 학생이 손을 들고 말했다. "탈, 그동안 우리에게 행복과 낙천주의를 가르쳐 줬잖아요. 그런데 지금은 쉬지 않고 비관적인 얘기만 하네요. 우리한테 전할 긍정적인 메시지는 없어요?"

학생들 사이에서 키득거리는 소리가 들렸고 이어서 완전히 조용해졌다. 나는 솔직히 무슨 말을 해야 할지 몰라 당황했다. 처음에는 일어날 일이라면 결국에는 최선의 상황을 향한다고 말하려 했지만, 입을 열기도 전에 나는 이 말에 완전히 동의하지 않는다는 사실을 깨달았다. 일어날 일들이 언제나 가장 나은 상황으로 향하는 것은 아니다. 나는 대신 이렇게 말할 수밖에 없었다. "이 부분은 다시 이야기해 보는 걸로 하죠." 며칠 후 나는 질문한 학생에게 답을 주었다. 모든 일이 반드시 가장 나은 상황을 향해 일어나는 것은 아니지만 우리는 일어나는 일들 앞에서 최선을 다할지 선택할 수 있고 말이다.

끔찍한 불경기나 지독한 팬데믹이 가장 나은 상황을 향한 결과는 아닐 것이다. 그 결과로 사람들은 불안에 떨고, 고군분투하고, 고생하고, 죽기까지 한다. 그 위기가 무엇이든, 이미 일어난 일이다. 이미 일어난 일에 대해 우리가 할 수 있는 것은 아무것도 없다. 그러나 현재와 미래가 나아갈 방향을 설정하는 일은 우리에게 달려 있다. 자신에게 인간으로서 살 권한을 주고, 규칙적으로 운동하고, 회복하는 데 시간을 들

들어가며

이고, 친절한 태도로 남을 대하고, 경험하는 일에서 배우고, 관계를 더 소중히 여기고, 주의를 기울이고, 삶의 작은 것들에 감사하는 이 모든 행동은 우리가 처한 상황을 최대한 극복하기 위해 우리가 선택할 수 있으며, 증거에 기반한 일들이다.

각 장 끝부분에는 책을 읽은 후 각 스파이어를 평가할 수 있는 연습 문제인 '행복 수준 체크하기'가 있다. 마리아 시로이스, 메건 맥도너와 내가 개발한 기법으로 각 요소에 관한 몇 가지 간단한 질문을 함으로써 현재 상태를 평가하고, 나중에 어떻게 변화했는지 판단하는 활동이다. 큰 그림을 간단하게 살피는 방법이라고 보면 되겠다. 다음은 행복 수준을 파악하기 위해 주로 묻는 질문이다.

행복 수준 체크하기

Spiritual wellbeing(마음의 안녕): 직장이나 집에서 의미와 목적의 가치를 경험하는가? 현재에 충실한가? 마음에 집중하는가?

Physical wellbeing(몸의 안녕): 얼마나 활발하게 활동하는가? 당신의 몸을 돌보는가? 휴식과 회복을 위해 시간을 내는가? 스트레스에 어떻게 대처하는가?

Intellectual wellbeing(배움의 안녕): 새로운 것을 배우는가? 질문을 충분히 하는가? 진지하고 깊은 학문에도 참여하는가? 충분히 실패하는가?

Relational wellbeing(관계의 안녕): 가족, 친구와 행복한 시간을 보내는가? 깊은 관계를 맺는가? 자신을 돌보는가? 남에게 베푸는가?

Emotional wellbeing(감정의 안녕): 기분 좋은 감정을 경험하는가? 고통스러운 감정을 받아들이는가? 살면서 갖게 된 많은 것을 당연하게 여기지는 않는가? 가진 것에 감사하는가?

펜과 종이를 준비해 '행복 수준 체크하기' 코너의 각 질문에 답해 보자. 첫 번째 단계에서는 스파이어 요소마다 점수를 매

긴다. 질문에 대한 답을 생각한 후 안녕함을 어느 정도로 경험하는지 1부터 10 사이로 점수를 적어 보자. 1은 거의 없거나 드물다. 10은 매우 그렇다 혹은 굉장히 자주 그렇다에 해당한다. 예를 들어 마음의 안녕을 살펴본다면 '어느 정도로 삶의 의미를 경험하는가', '어떤 일에 얼마나 집중하는가 혹은 산만한가'라는 질문이 나온다. 스스로 마음의 안녕에 대한 점수를 매기고 이어서 몸, 배움, 관계, 감정의 안녕에 대해서도 같은 과정을 반복한다.

스파이어의 각 요소에 점수를 매겼다면, 두 번째 단계에서는 **점수를 매긴 이유를 설명한다.** 마음의 안녕에 왜 6점 혹은 4점을 주었는가? 가족 관계에는 큰 의미를 부여하지만 직장 생활에는 목적의식이 거의 없기 때문에 이런 점수를 줬을 수 있다. 삶에 주의를 기울이는 정도에 관한 질문이라면 '난 뉴스 때문에 종종 집중력을 잃어'라고 판단하고, 완전히 몰두하지 않는다는 평가를 내렸을지도 모른다. 어쩌면 자신이 5분마다 인터넷을 확인한다는 걸 깨달았을 수도 있다. 마음 상태를 설명하는 방식으로 완전한 존재를 이루는 다섯 가지 요소의 점수를 확인한다.

마지막 단계에서는 **처방을 내린다**. 요소마다 점수를 높이려면 어떻게 해야 하는지 구체적이고 명확한 계획을 세워야 한다. 다만 10점을 채워야 하는 것도, 5점 이상 높여야 하는 것도 아니다. **딱 1점만 더 올리면 된다.** 일상에서 의미를 찾기 위해 우리가 할 수 있는 딱 한 가지는 무엇일지, 어떻게 하면 친구들에게 조금 더 마음을 열 수 있을지 등을 고민해 보자.

이미 만족할 만한 점수가 나온 요소도 있을 것이다. 몸의 안녕에 7점을 매겼다면 어떻게 이 점수를 유지할지 고민할 수도 있겠고, 개선하고 싶은 다른 부분에 좀 더 집중할 수도 있겠다. 각 장마다 스파이어를 더 높일 수 있는 아이디어를 덧붙여 두었다. 이 책의 목적은 증거에 기반한 과학적인 개입을 바탕으로 행복 수준을 1점, 2점 혹은 더 많이 올릴 수 있는 처방을 내리는 데 도움을 주는 것이다.

이처럼 각 영역을 평가하면 먼저 우리가 기준으로 삼게 될 현재의 행복 수준을 파악할 수 있다. 지금 우리의 위치가 어디에 있든, 전반적으로 1점 혹은 2점에 머물러 있더라도 거기서부터 시작하면 된다. 중요한 점은 행복한 상태가 아

들어가며

니라 '**지금보다 더 행복해지는 것**'이란 사실을 기억하길 바란다. 삶의 기복을 넘기는 데 필요한 안티프래질을 쌓으면서 앞으로 몇 주, 몇 달, 몇 년간 자신을 체크해 보자.

높은 건물을 지진에 견딜 수 있도록 보강하는 것처럼, 스파이어는 삶의 재난 속에서도 행복을 찾기 위한 지지구조물 역할을 한다. 자연이 일으킨 재난이든 인간이 일으킨 재난이든 살면서 문제는 필연적으로 발생할 테니 말이다. 갑자기 발밑이 흔들리고 또 흔들리면 충격을 받을지도 모른다. 하지만 무너지지는 않을 것이다. 태풍이 불면 강한 바람에 휘청일 수는 있다. 하지만 쓰러지지는 않을 것이다. 어려움을 겪을 때마다 멀쩡히 일어설 수 있을 뿐만 아니라 이전보다 더 강하고, 더 행복하게 성장할 것이다.

무슨 일이 있더라도.

Spiritual
Wellbeing

마음의 안녕

단 몇 분만 시간을 내 자신이 무슨 일을 하는지
자각하는 것만으로도 큰 차이가 생긴다.

평범함에서 기적을 발견할 때

지혜가 드러난다.

– 랠프 월도 에머슨Ralph Waldo Emerson

한 관광객이 이탈리아로 여행을 갔다. 길을 걷던 도중 그는 건물을 짓는 공사판으로 들어서게 되었다. 그는 한 노동자에게 다가가 물었다. "뭘 하는 중인가요?" 그는 답했다. "벽돌을 쌓고 있습니다."

관광객은 계속 걸어가 먼저 만난 노동자와 같은 일 중인 사람을 만났다. 그에게도 같은 질문을 했다. "뭘 하는 중인가요?" 두 번째 노동자는 답했다. "벽을 세우고 있지요."

관광객은 두 노동자와 똑같은 일을 하는 세 번째 이를 보았고, 역시 같은 질문을 했다. "뭘 하는 중인가요?" 세 번째 노동자는 관광객을 바라보며 답했다. "신의 영광을 찬양하는 성당을 짓는 중입니다."

이 이야기는 우리에게 주어진 업무가 얼마나 지루하든, 마주한 도전이 얼마나 막막하든 간에 일을 바라보는 관점은 매우 중요하며, 이 관점이 우리의 경험에 큰 변화를 일으킨다는 사실을 깨닫게 한다.

행복 스파이어의 첫 번째 요소는 마음의 안녕 혹은 영적인 안녕이다. 대부분은 정신이나 영적이라고 하면, 종교나 기도와 연결해 생각한다. 하지만 꼭 그럴 필요는 없다. 물론 예배당이나 교회, 사원, 절에서 영적인 경험을 할 수 있겠지만 일상에서도 충분히 가능하다. 우리는 두 가지 경우에 마음의 안녕을 경험한다. 우리가 하는 일에서 의미와 목적을 느낄 때, 그리고 한순간 완전히 몰입할 때이다.

마음의 안녕에 관해 이야기하려면 우선 중요한 한 가지를 구별해야 한다. 『빅터 프랭클의 죽음의 수용소에서』에서 저자는 '삶 자체의 의미'와 '삶에서 찾는 의미'를 구분한다.

삶 자체의 의미는 '나는 왜 세상에 태어났는가?', '내가 이곳에 있는 목적은 무엇인가?', '산다는 것은 무엇을 의미하는가?' 같은 질문을 포함한다. 많은 이가 종교에서, 혹은 빈곤 퇴치나 지구 온난화 해결 등 대의를 위한 숭고한 임무를 수행하며 이런 질문에 대한 답을 구하려고 한다. 삶의 의미를 찾기란 대체로 어렵다. 게다가 하루를 무사히 넘기기만을 바라게 되는 힘든 시기에는 이 질문을 고심하는 자체가 힘겹다.

반면 **삶에서**, 즉 우리가 늘 반복하는 일상적인 활동에서, 현재에서, 집이나 직장에서 매일 하는 일에서 의미를 찾기는 상대적으로 쉽다. 마음의 안녕을 위해 지금부터 주로 살펴보려는 부분이 바로 이 '삶에서의 의미'이다. 마음의 안녕이라는 개념을 알면, 우리를 시험하는 시대에서도 진정으로 더 행복한 삶을 누릴 가능성이 열린다.

목적이 주는 힘

요즘 하는 일을 떠올리면 어떤 기분이 드는가? 무엇으로부터 원동력을 얻는가?

우리가 일을 바라보는 관점을 나누고 설명하는 연구 결과가 있다. 조직심리학자인 에이미 브제스니에프스키Amy Wrzesniewski와 제인 더턴Jane Dutton은 연구를 통해 사람들이 자신의 일을 세 종류 중 하나로 받아들인다고 확인했다.17

첫째, 일은 급여를 받기 위한 수단이다. 이 경우, 일은 돈이 필요하기 때문에 부득이하게 하는 수고가 된다. 할지 안할지라는 선택의 여지가 거의 없다. 일을 이런 관점으로 본다면 당신은 의무감을 느끼게 된다. 일할 때 무엇을 기대하는가? 어쩌면 퇴근 시각이나 주말, 오래전부터 계획한 휴가나 마침내 은퇴할 날일지도 모른다.

일을 주로 경력을 쌓는 수단으로 보는 사람들도 있다. 조직에서 사다리를 오르는 방법으로 삼는 관점이다. 이들에게 일의 가장 중요한 기능은 경쟁에서 이기는 것이다. 일을 경력으로 삼는 이들은 미래와 보상을 중심에 놓는다. 앞서 나가고자 하는 마음에서 일하려는 의욕이 나온다. 연봉 인상과 상여금, 승진을 기대하며 일하는 것이다.

일을 천직으로 보는 사람들도 있다. 목적의식을 갖고 일을 경험한다는 뜻이다. 일을 진정으로 아끼고 즐기기 때문에, 의무감이나 급여의 필요성을 넘어 일하려는 열정이 있다. 더 많은 일을 기대하는 마음이다. 이런 사람에게 일은 그 자체로 중요한 의미가 있다.

우리는 대부분 이 세 가지 관점을 전부 경험한다. 일이 지루한 날도 있고, 일로 얻는 것에 집중하는 날도 있고, 맡은 일을 진심으로 사랑하는 날도 있다. 문제는 그중 어떤 마음가짐이 가장 앞서는지, 일을 전반적으로 어떤 관점으로 대하는지이다.

다음 보기 중 어느 문장에 가장 공감하는가?

- 일을 주로 직업으로 본다. 나는 일을 즐기지는 않지만 해야만 한다.
- 일을 주로 경력으로 본다. 나는 발전하고 성공하는 데 집중한다.
- 일을 주로 천직으로 본다. 나는 내 일에 열정을 기울이며, 내가 하는 일이 중요하다고 여긴다.

브제스니에프스키와 더턴은 여러 회사에 찾아가 직원들을 조사했고, 그들을 이 세 가지 마음가짐으로 구분했다. 한번은 병원에서 여러 임무와 직위를 맡은 직원들과 이야기를 나누었다.

가장 먼저 살펴본 집단은 날마다 바닥을 닦고, 화장실을 청소하고, 침대 시트를 가는 청소부였다. 청소부 중에는 일을 직업으로 보는 이들이 있었다. 이들은 먹고살려면 돈을 벌어야 하니까 어쩔 수 없이 이 일을 하는 거라고 생각하며 근무 시간이 빨리 끝나기만 바랐다. 자기 일을 경력으로 보는 이들도 있었다. 이들이 일하는 이유는 더 나은 급여를 받고 높은 자리로 오르기 위해서였다. 그리고 같은 업무를 하면서도 자신의 일을 중요한 무언가의 일부로 여기는 청소부도 있었다. 이들은 자신이 의사, 간호사가 하는 일과 환자를 치유하는 일에 기여하고 있다고 생각했다.

자기가 하는 일에 의미를 부여한 세 번째 청소부 집단은 당연히 행동도 달랐다. 이들은 대체로 더 친절하고 다정한 태도로 남들에게 더 많은 도움을 주었으며, 환자들에게 몸 상태는 어떤지 더 자주 물었다. 물론 이 집단에 해당하는 청소부 역시 퇴근할 시각만 기다리는 날도 있었고, 승진해서 돈을 더 많이 벌 생각에 집중하는 날도 있었다. 하지만 전반적으로는 일을 천직으로 여기며 일상을 보냈다.

브제스니에프스키와 더턴은 이어서 의사들과도 이야기를 나누었다. 의사 역시 세 가지 관점에 따라 분류할 수 있었다. 의무감에 일하는 사람들은 이런 식이었다. '이번 주가 얼른 끝났으면 좋겠어. 20년 동안 같은 일을 해 왔더니 지겨워 죽겠네.' 주어진 일을 디딤돌 삼아 병동의 관리자나 전문 분야의 과장 자리에 오르려는 의사들은 이렇게 생각했다. '급여는 언제 인상될까? 지난번에 이야기 나왔던 승진은 어떻게 되는 거지?' 그리고 일을 천직으로 삼은 열정 가득한 의사

는 일을 이렇게 받아들였다. '이 일이야말로 내 인생의 목적이야.'

조사 결과에 따르면, 일을 천직으로 보는 비중은 청소부 집단보다 의사 집단에서 좀 더 높았지만 일을 단순한 직업이나 경력 수단으로 보는 의사도 여전히 많았다. 공학자, 교사, 은행원, 미용사 등 다른 수많은 직업군에서도 같은 양상이 발견됐다. 삶을 지배하는 시각은 전반적인 삶의 안녕뿐만 아니라 장기적으로 직업에서 내는 성과에서도 중요한 차이를 만드는 것으로 드러났다.

나의 비즈니스 파트너인 앵거스 리지웨이Angus Ridgway에게는 심장전문의인 처남이 있다. 그의 전문 분야는 맥박 조정기 삽입 수술이다. 그는 삽입 수술 후 몇 년에 한 번씩 환자들의 맥박 조정기를 꺼내 배터리를 교체하고 다시 삽입한다. 한번은 앵거스가 처남과 점심을 먹다가 이렇게 말했다. "처남이 무슨 일을 하는지 마침내 깨달았어요." 처남은 말했다. "그래요? 내가 무슨 일을 하는데요?" 어느 상황에서건 유머를 구사하는 앵거스는 이렇게 답했다. "배터리 교체하는 일을 하잖아요." 처남은 앵거스를 유심히 쳐다보더니 말했다. "맞아요. 어떤 날은 배터리를 교체하죠. 또 어떤 날은 생명을 구하기도 하고요." 시각의 차이는 이렇게 드러난다.

한번은 예상하지 못한 상황에서 자신의 일을 천직으로 여기는 마음가짐을 목격한 적이 있다. 모기지 대출을 받으러 갔을 때다. 몇 년 전 아내와 나는 꿈꾸던 집을 발견했다. 하지만 집을 매입하는 데 비용을 확인하고 나니 꿈은 악몽으로 바뀔 것만 같았다. 그러나 우리가 정말 원하던, 마음에 쏙 든 집이었기 때문에 매입하기로 결정했다.

다음 날 우리는 은행을 찾아가 모기지 대출을 알아봤다. 나는 첫눈에 담당 직원의 태도가 좀 독특하다고 생각했다. 유난히 즐거워 보였기 때문이다. 자리에 앉은 우리는 엑셀 시트를 멍한 상태로 쳐다보았지만 그녀는 화면이 바뀔 때마다 놀라울 정도로 낙관적으로 말했다. "이 상품은 이자율이 4.1퍼센트네요. 이건 3.9퍼센트고요! 이 대출 상품은 15년, 이건 30년 만기예요!"

결국 우리는 대출 승인을 받았다. 몇 주 후 은행에 다시 가 온갖 서류에 사인하는데―절대로 금방 끝나지 않았다― 대출 담당 직원은 업무를 처리하는 40분 내내 명랑한 태도를 유지했다. 일이 다 끝나자 나는 직원에게 질문했다. "일을 정말 좋아하시는군요. 그렇죠?" 직원은 이렇게 답했다. "일을 사랑해요." 나는 다시 물었다. "정말요? 왜요?" 직원이 답은 이랬다. "매일 고객이 꿈을 이루도록 도울 수 있으니까요." 몇 초가 흘렀고 직원은 우리를 보며 미소 짓더니 덧붙였다. "오늘 같은 일을 두 분께 해 드릴 수 있고요." 정말이었다. 아내와 나는 우리가 꿈을 이루게 도운 그 직원에게 여전히 감사하고 있다.

전 세계에는 아마도 수십만 명의 모기지 대출 담당자가 있을 것이다. 내가 틀렸을 수도 있겠지만—그 많은 스프레드시트 때문에 눈이 흐릿해져 판단력 역시 흐려진지도 모르겠지만— 그중 자기 일을 대체로 천직으로 보는 사람이 다수는 아닐 거라고 장담한다. 하지만 천직으로 보는 사람도 분명히 존재한다. 그렇기 때문에 "천직을 발견하는 게 가능한가?"라는 질문은 "**어떻게 천직을 발견할 수 있을까?**"로 바꿔야 한다.

천직을 찾는 마음가짐이 직장에서만 필요한 것은 아니다. 집에 어린 자녀가 있다고 가정해 보자. 저녁 여섯 시, 저녁을 먹고 잠자리에 드는 과정을 되풀이할 시간이다. 다음 세 가지 상황을 살펴보자.

1. 저녁 여섯 시, 당신은 자기도 모르게 중얼거린다. "이런, 또 밤이야!" 하지만 당연하게도 아이들을 보살펴야 한다. 당신의 의무이니 말이다. 당신은 마지못해 식사를 차리고, 아이들이 얌전히 굴진 않지만 어떻게든 저녁 식사를 끝냈다. 이제는 씻겨야 한다. 물이 화장실 온 바닥에 튄다. 청소거리가 하나 더 생긴 셈이다. 아이들은 이를 닦는다. 침대 위에 눕히기까지는 했지만 아이들은 잠드는 대신 동화책을 읽어 달라고 조른다. 전날 밤에도 읽어 준 꼬마 기관차 이야기다. 기관차는 전날에도 오른 산을 또 오른다. 아이들이 들으며 즐거워하니까 또 읽어 주는 것이다. 결국 당신이 해야 하는 일이니까. 마침내 아이들은 잠이 든다. 육아가 직업인 경우이다!

2. 저녁 여섯 시, 아이들에게 저녁을 먹일 시각이다. 당신은 아이들에게 제발 골고루 먹으라고 잔소리를 한다. 아이들이 건강한 어른으로 자라기를 바라며, 오늘은 아이들에게 채소도

먹이겠다고 결심했기 때문이다. 이어서 아이들을 씻기고, 아이들에게 이를 꼼꼼히 닦으라고 말한다. 좋은 위생 습관을 들이는 것은 중요하기 때문이다. 당신은 최근 어렸을 때 부모가 책을 많이 읽어 준 아이들은 커서 성공할 확률이 높다는 연구 결과를 최근에 알게 됐다. 따라서 아이들에게 반드시 책을 읽어 주겠다고 다짐한다. 전날 밤에도 읽어 준 동화책이지만 말이다. 잠은 쏟아지지만 아이들의 미래를 위한 일이니 참고 읽는다. 육아가 경력인 경우이다!

3. 저녁 여섯 시, 가족과 식탁에 앉았는데 아이들은 늘 그렇듯 식사에 집중하지 않는다. 당신은 잠시 수저를 내려놓고 주위를 보며 감사한다. '이런 게 특권 아닐까? 내 삶에서 가장 소중한 사람들과 이렇게 시간을 보낼 수 있다니 얼마나 고마워. 아이들은 이렇게나 많이 커서, 자기들끼리 즐겁고 화목하게 시간을 보내네.' 목욕 시간이 되자 아이들은 물을 튀기며 재밌게 논다. 당신은 웃긴 얘기도 하고, 아이들과 게임도 하고 우스꽝스러운 표정도 지으며 아이들과 함께 시간을 보낸다. 아이들은 이를 닦고 침대로 올라간다. 그리고 여러 번 읽은

책을 다시 읽어 달라고 한다. 당신은 아이들이 언덕 위를 오르는 기관차 이야기를 마치 처음처럼 얼마나 신나게 듣는지 확인하며 놀라워한다. 기쁨으로 반짝이는 아이들의 눈을 보며 당신은 함께 시간을 보낼 수 있는 이 귀중하고 작은 존재들에게 감사를 느낀다. 이제 아이들은 잠이 든다. 육아가 천직인 경우이다!

나는 아이가 셋 있다. 매일 밤의 육아가 나와 아내에게 천직으로 느껴질까? 당연히 그렇지 않다! 어느 부모도 그렇지 않을 것이다. 하루 내내 힘들게 일하고 왔는데, 아이들은 우리의 분노 버튼을 마구 누른다. 때로는 속으로 이렇게 외치게 된다. '제발 오늘 하루가 끝났으면!' 24시간 내내 경이로운 육아를 경험할 필요는 없지만, 영적인 경험을 할 수 있는 짬이라도 낼 수는 없을까? 하던 일을 잠시 멈추고, 의미 있는 것을 찾아 그 의미와 자신을 연결하는 시간을 갖고, 매일 조금씩이라도 더 늘릴 수는 없을까?

　집에서든 직장에서든, 우리의 일이 무엇이든 간에 우리는 책임을 분명 다르게 인지할 수 있다. 우리의 활동에서 의미를 찾는다면 하루, 일주일, 삶 전체를 헤쳐 나갈 방법도 달라질 것이다. 브제스니에프스키와 더턴의 말을 빌리자면 "가장 제한되고 반복적인 업무라고 해도 직원은 업무의 본질에 어느 정도 영향력을 행사할 수 있다."[18]

이제 '반복적인 업무'라는 문구를 '반복적인 삶'으로 바꿔 보자. 이 문구는 팬데믹을 겪은 우리의 모습을 그 어느 때보다도 잘 묘사한다. 잠에서 깬 우리는 커피 메이커를 켜고 이메일 답장을 보내고 줌에 접속해 온라인 미팅을 했다. 장을 보러 나가거나 충동적으로 외식을 하러 나가는 횟수는 줄었다. 여행도 멈췄다. 우리는 지극히 되풀이되는 일상을 살아야 했다. 사회적 고립, 불확실성, 불안함 같은 감정이 이렇게 자주 찾아옴에도, 우리는 여전히 더 오래 일을 천직으로 경험하고, 삶의 본질에 어느 정도 영향을 미칠 수 있다. 어떻게? 일상에서 하는 활동의 중요성을 발견하면서 말이다.

다시 말하지만 **삶** 자체의 더 큰 의미를 말하는 것이 아니다. 삶의 의미는 다음에 논의할 주제다. 지금은 **삶에서** 찾는 의미와 연결되는 작은 변화를 먼저 다룰 것이다. 당신이 이룰 수 있는 단 한 가지 변화는 무엇인가?

마음의 안녕

우리의 일은 어떻게 천직이 되는가

매일 하는 일 하나를 골라 그 일을 완료하기까지 하는 행동을 나열해 보자. 일종의 '작업 설명서'다. 예를 들어 내가 수업을 준비하는 과정은 이렇다.

> 컴퓨터 앞에 앉는다. 몇 가지 글을 읽고 수업 개요를 쓴다. 적어 둔 메모를 두어 번 검토한 후 학생들에게 강의한다. 수업 후 강의가 어땠는지 평가한다.

다 썼다면 의미에 집중하며 같은 작업 과정을 '천직 설명서'로 다듬어 보자. 그 행동을 왜 하는가? 쓰다가 막히면 다음 문장의 빈칸을 채운다고 생각해 보자.

"이 과정이 내게 중요한 이유는 ＿＿＿＿＿＿＿＿＿＿＿."

"내가 현재 열중한 분야는 ＿＿＿＿＿＿＿＿＿＿＿."

"나는 ＿＿＿＿＿＿＿＿＿＿＿을 함으로써 다른 이들을 돕는다."

이런 관점으로 스스로 질문하며 내가 어떻게 수업을 준비하는지 생각해 보면 아래와 같이 바꿀 수 있다.

나는 위대한 사상가들이 전하는 흥미로운 메시지를 연구하는 것으로 수업 준비를 시작한다. 나는 이 자료들을 일관성 있는 형태로 통합해 내용을 이해하고 나 자신을 더 잘 아는 데 활용한다. 이 과정을 통해 나는 내가 소중히 여기는 것을 다른 이들과 공유할 수 있게 되고 상대가 더 행복해지도록 도울 수 있다. 수업이 끝나면 나는 자리로 돌아가 학생들이 한 질문에서 내가 배운 것은 무엇인지 돌이켜 본다. 나는 어떤 지식을 쌓을 수 있을까? 어떻게 하면 가르치는 사람으로 계속해서 성장하고 사람들의 삶을 변화시킬 수 있을까?

이 작업은 일의 진행이 부진하거나 장애물에 연달아 방해를 받을 때 특히 도움이 된다. 19세기의 철학자 프리드리히 니체Friedrich Nietzsche는 이렇게 썼다. "살아야 할 이유가 있는 자는 거의 모든 것을 견딜 수 있다." 우리가 하는 일에서 의미와 목적을 발견한다면 어려움을 극복하는 길은 덜 위협적으로 느껴질 것이다. 많은 경우, '우리의 행동을 목적과 연결할 수 있느냐'에 따라 프래질과 안티프래질이, 역경에 무너지느냐 더 강해지느냐가, 절망과 낙관의 차이가 생긴다.

와튼스쿨 심리학 교수 애덤 그랜트Adam Grant는 대학 운영 기금을 모으는 텔레마케팅 종사자들을 대상으로 연구를 수행했다.[19] "안녕하세요, 선생님 모교에서 전화를 드리는 존이라고 합니다. 혹시 모교를 위해 기부하실 수 있을까요?" 이 질문을 했을 때 가장 자주 듣게 되는 답은 무엇이었을까? 예측 가능하게도 "**아니오**"였다. 운이 좋다면 "아니요, 죄송합니다. 이미 기부했어요"라는 말을 들었다. 그러나 더 자주 듣는 답은 "이 번호로 다시는 전화하지 마세요"나 "그만 좀 하시"를 거칠게 표현한 말이었다. 직원들은 자신을 의기소침하게 만드는 전화를 하루에 몇십 통이나 되풀이했다.

그랜트는 대학 기금 모금자들을 무작위로 두 그룹으로 나눴다. 첫 번째 그룹은 원래대로 일했다. 그냥 종일 전화를 돌린 것이다. 하지만 두 번째 그룹은 일을 15분간 중단하게 했다. 딱 15분이었다. 그 짧은 시간 동안 그랜트는 두 번째 그룹이 재정 지원을 받는 대학생, 즉 모금자들이 하는 일의 수혜자와 이야기를 나누게 했다. 재정 지원이 없었다면 대학에 다니지 못했을 이들이었다. 학생들은 모금자들에게 이렇게 말했다. "기부금을 모금해 주셔서 감사합니다." 15분간 학생들은 학교에서 얼마나 멋진 시간을 보내고 있는지, 이 대학에서 공부할 수 있다는 게 얼마나 큰 특권인지, 자신이 배우는 데 필요한 기금이 확보되어 얼마나 감사한지를 표현했다. 이후 모금자들은 다시 자기 자리로 돌아가 수화기를 들었다.

이 짧은 개입이 어떤 결과를 낳았을까? 모금자들은 자기가 하는 일을 더 의미 있게 보기 시작했다. 그들은 더욱 활발하고 의욕적으로 일하기 시작했다. 놀랍게도 실적 또한 증가했다. 자기가 하는 일이 얼마나 중요한지 깨달았다는 이유만으로 두 번째 그룹은 대조군보다 250~400퍼센트 높은 기부금 모집을 달성했다. 이는 관점을 살짝 전환한 것만으로 가능했다.

이제 한 발짝 뒤로 물러나 우리가 하는 일의 진정한 가치와 의도를 인식해 보자. 그 일이 아이의 숙제를 도와주는 것이든, 혼자서 하는 설거지든, 동반자의 가계부 검토이든, 나이 든 부모를 보살피는 일이든, 고객과 계약 내용을 협상하는 것이든, 혹은 직장에서 어려운 임무를 해내는 일이든 말이다. 길게 생각할 필요는 없다. 단 몇 분만 시간을 내 자신이 무슨 일을 하는지 자각하는 것만으로도 큰 차이가 생긴다.

마음 챙김의 이점

명상을 통해서도 마음을 다스릴 수 있다. 즉, 마음이 산만해지지 않은 상태를 유지하면 현재의 순간을 인지할 수 있다. 마음 챙김은 판단을 가능한 한 배제한 채 현 순간을 자각하는 것이다. 호흡을 자각하거나 신체의 감각을 느끼거나 어느 물체, 활동, 혹은 다른 어떤 대상을 인식하는 상태다.

마음 챙김 명상을 중심에 둔 문화와 저술은 수천 년 전부터 이어져 왔다. 예를 들면 『티베트 사자의 서』, 인도 사상가 파탄잘리Patanjali가 쓴 경전, 중국의 도교, 고대 알렉산드리아의 철학가 필로Philo가 전한 영적 수련 등이 있다. 전통적인 마음 챙김 방식에서는 지금 이곳에 온전히 존재하는 법을 주로 논의했다. 오늘날 우리는 이러한 전통 지도자들이 오래전

마음의 안녕

에 깨달은 사실, 즉 마음 챙김은 우리의 안녕에 많은 도움을 준다는 사실을 뒷받침해 줄 증거를 가지고 있다.

우리의 어두운 순간은 대부분 현재에 머무르지 못해 생기는 결과다. 현재에 충실할수록 우리는 깨달음을 더 경험할 수 있다. 베트남 출신인 틱낫한Thich Nhat Hanh 스님은 이렇게 말한다. "과거에 살면 우울에 빠질 수 있고 미래에 살면 불안에 빠질 수 있다. 현재에서만 우리의 마음이 열려 있다."[20] 마음 챙김을 자주 연습하는 사람들은 이전보다 더 차분해졌고 삶에 더 만족하다고 밝힌다. 아울러 명상이 뇌 구조 자체에도 눈에 띄는 영향을 준다는 신경과학적 증거도 있다.

20세기 후반까지 대부분의 심리학자와 신경학자는 뇌가 본질적으로 고정되어 있다고 믿었다. 유전자와 어린 시절의 경험에 의해 중립적인 기질과 구조가 미리 징해진다고 말이다. 하지만 현대 기술을 활용해 더 최근에 이루어진, 신경 가소성neuroplasticity과 신경 발생neurogenesis에 대한 획기적인 연구 결과는 우리의 뇌가 변할 수 있으며, 실제로 변한다는 사실을 분명히 증명했다.[21] 뇌는 우리가 태어나서 죽을 때까지, 사는 내내 변한다. 또한 전반적으로 안녕한 상태를 유지하기 위해 우리의 뇌를 조각하고 신경 회로를 바꾸는 가장 효과적인 방법이 마음 챙김 명상이라는 사실도 밝혀졌다.[22] 뇌전도EEG; electroencephalogram, 기능성 자기공명영상fMRI; functional magnetic resonance imaging 등 뇌를 스캔하는 여러 기술 덕에 우리는 꾸준하고 활발하게 명상하는 사람의 뇌는 명상을 전혀 안 하는 사람의 뇌와 크게 다르다는 사실을 확인할 수 있다. 열성적인 명상가의 뇌는 더 행복한 뇌이다.

마음 챙김 명상의 중요성을 다루는 연구가 많다. 매사추세츠대학교 의과대학에 스트레스 완화 클리닉을 세운 존 카밧진Jon Kabat-Zinn과 위스콘신대학교 매디슨 캠퍼스의 건강 마인드 연구 센터장인 리처드 데이비드슨이 공동으로 진행한 연구 결과[23]가 대표적인 예시다. 두 학자는 마음 챙김을 위한 8주짜리 스트레스 감소 프로그램을 개최했다. 참가자들은 매주 세 시간짜리 명상 수업에 참여하고, 매일 45분간 혼자서 명상하는 숙제를 해야 했다. 8주 후 연구자들은 프로그램을 완료한 참가자들과 명상에 관심은 있지만 프로그램에 참가하지는 않은 이들의 감정을 비교했다. 두 집단을 비교한 결과, 8주 명상 과정을 경험한 이들에게서 더 긍정적인 기분과 덜 불안해하는 마음, 그리고 더 사교적이고 외향적인 태도가 나타났다. 명상 과정이 행복에 진정한 영향을 미친 셈이다.

자가 진단 내용에만 근거한 결과는 아니다. 연구자들은 생리학적 검사를 활용해 주목할 만한 답을 얻었다. 구체적으로는 복잡한 감정, 인지, 행동 기능을 담당하는 뇌의 전두엽 피질에서 신경 활동을 측정했다. 왼쪽 뇌의 신경 활동이 더 많은 사람은 더 행복한 경향이 있는 반면 오른쪽 뇌의 신경 활동이 더 많은 사람은 더 우울한 경향이 있다. 왼쪽 대 오른쪽 뇌 활동 비율에서 왼쪽이 높을수록 기분 좋은 감정에 민감한 정도와 고통스러운 감정에서 회복하는 탄성이 높고 침착함을 유지하는 능력 또한 더 크다. 연구자들은 8주간의 프로그램에 참여한 결과, 그들의 뇌가 의미 있는 변화를 보였음을 발견했다. 전두엽 피질의 왼쪽 부분이 오른쪽보다 더 활발해진 것이다. 수년간 명상해 온 사람들에 비할 수는 없지만, 고작 두 달이라는 시간 만에 중요한 변화를 보였다. 참가자들은 실제로 더 행복해졌으며 뇌 영상을 통해 그간의 진척을 분명히 확인할 수 있었다.

연구의 일환으로 연구자들은 명상 프로그램 참가자들과 대조군에 감기 박테리아를 주입한 후 면역 반응을 측정했다. 놀랍게도 명상 프로그램을 마친 사람들은 박테리아에 대한 항체를 더 많이 만들어 냈다. 다시 말해 **참가자들은 면역 체계가 더 강해졌고, 심리적으로나 신체적으로나 더 큰 회복력을 보였다.** 마음 챙김 명상을 실천한 고작 8주 만에 참가자들은 더 건강해지고 행복해졌다.

명상이란 무언가에 익숙해지는 과정

티베트어로 명상을 가리키는 단어 곰gom의 원래 뜻은 '익숙해지다'이다. 즉, 명상은 무언가에 익숙해지는 과정이다. 자신의 호흡을 관찰하고, 호흡과 더 친해짐으로써 우리는 명상할 수 있다. 요가 자세를 유지하며 신체 감각을 접할 수도 있다. 무엇보다 우리가 어떤 감정을 느끼든 그 감정의 본질을 생각할 수 있다.[24]

우리는 종종 신경 써야 하는 많은 업무와 의무에, 우리의 머릿속에서 빙빙 도는 미래에 대한 걱정에, "이렇게 저렇게 해야 했는데"라며 소매를 잡아끄는 후회에 사로잡혀 있다. 불교에서는 이처럼 산만한 마음 상태를 '원숭이 마음'이라고 부른다. 잠시도 멈추지 못하고 이 덩굴에서 저 덩굴로 뛰어다니는 원숭이에 마음을 빗댄 것이다. 명상으로 우리가 이루고자 하는 목표는 원숭이 마음을 쉬게 하는 것, 마음이 힘들게 뛰어다니지 않고 멈추도록 돕는 것이다. 우리의 마음이 쉴 수 있다면, 무엇을 관찰하든 그 대상을 더 명확하게 보고 상황에 더 익숙해질 수 있기 때문이다.

강을 건너는 하마가 등장하는 아프리카 우화가 있다. 하마는 강을 건너다가 한쪽 눈을 잃어버렸다. 놀란 하마는 미친 듯이 눈을 찾기 시작했다. 뒤를 보고, 앞을 보고, 양옆을 살피고, 자기 발밑도 봤지만 소용없었다. 강둑에 있던 새와 여러 동물은 하마에게 좀 쉬고 다시 찾아보라고 했지만 하마는 영영 눈을 찾지 못하게 될까 봐 멈추지 못했다. 계속해서 절실하게 헤맸지만 눈은 보이지 않았고, 너무 지친 하마는 잠시 쉬기로 했다. 하마가 움직임을 멈추자 물결 역시 차분해졌다. 하마가 휘저은 진흙이 바닥으로 가라앉았고, 물은 잔잔하고 투명해졌다. 그러자 강바닥에 떨어진 눈이 보였다.

마찬가지로 어떤 대상을 명확하게 보고 그것에 익숙해지려면—그 대상이 우리의 마음이든, 한마디 말이든, 하나의 감정이든— 우리는 하던 것을 멈추고 휴식을 취하면서 탁한

마음의 안녕

물이 가라앉아 대상이 모습을 드러내기를 기다려야 한다.

명상 수행에는 네 가지 주요 지침이 있다. 모든 명상 수행자나 학자가 내 의견에 동의하지는 않겠지만 나는 이 네 가지를 가장 흔하면서도 중요한 것으로 꼽는다.[25] 내용은 다음과 같다.

1. 한 가지 대상에 마음이 머물게 한다. 호흡이든 자세든 기분이든 특정한 물건이든 나의 내부나 외부에 있는 다른 어떤 것이든 상관없이 하나의 대상에 집중한다.

2. 다시 집중한다. 마음 챙김 명상의 핵심은 집중을 유지하는 것이 아니라 집중하는 자세로 돌아가는 것이다. 즉, 중단하지 않고 계속 집중을 이이 니가는 것보다 마음이 흐트러질 때 다잡고 다시 집중하는 태도가 더 중요하다.

3. 천천히, 부드럽게, 깊게 호흡한다. 건강에 가장 유익한 호흡 방식은 보통 '배 호흡'이다. 폐를 채우는 기분으로 숨을 들이마시며 배를 부풀어 오르게 한 후 숨을 내쉬며 배를 내

려가게 하는 방법이다.

4. 좋은 명상도 나쁜 명상도 없다는 사실을 인정한다. 평가를 중단하고 경험을 있는 그대로 받아들인다. 잘했다거나 못했다는 식으로 명상 실습 혹은 자신을 평가하는 태도는 마음 챙김 정신에 어긋난다. 우리가 명상 시간 내내 집중을 유지했는지 아니면 마음이 쉴 새 없이 방황했는지도 상관없다. 명상 후 기분이 더 좋아졌든 나빠졌든, 혹은 아무런 변화가 없었든 역시 상관없다.

명상을 통해 큰 이익을 얻고 싶다면, 가장 중요한 열쇠는 반복이다. 캘리포니아대학교 로스앤젤레스 캠퍼스 심리학자 대니얼 시겔Daniel Siegel에 따르면, "우리가 이를 닦으며 매일 치아 위생을 유지하듯 마음 챙김 명상은 뇌 위생을 챙기는 방법이라고 보면 된다. 명상은 뇌의 시냅스 연결을 청소하고 강화한다."[26] 이 닦기로 하루의 시작과 끝을 맞이하는 것처럼 명상으로 하루를 시작하고 마무리할 수도 있다.

하루 3~5분 사이의 짧은 명상이라도 꾸준히 수행하기만

하면 전반적인 안녕에 긍정적인 효과를 줄 수 있다. 20~30분간 할 수 있다면 더욱 좋다. 짧게 하는 명상은 빠르게 끝내는 샤워와 비슷하다. 길게 하는 명상은 호화로운 목욕에 비교할 수 있다. 둘 다 우리를 청결하게 만든다.

❀ 명상을 시작해 보고 싶다면 ❀

명상을 짧게 경험해 보고 싶다면 이 방법으로 시작해 보자.

혼자 있을 수 있는 조용한 곳으로 간다. 편안한 자세를 취한다. 앉거나 등을 대고 누워도 좋다. 자신에게 맞는 자세면 된다. 눈은 감아도 되고 떠도 된다.

편안한 자세를 취했다면, 척추를 꼬리뼈부터 목뼈까지 쭉 늘린다. 척추를 곧게 유지하되 무리하게 늘리지는 않는다.

가능하다면 코로 숨을 들이쉬고 내쉰다. 코로 호흡이 힘들다면 입으로 호흡해도 아무런 문제는 없다.

이제 숨이 코나 입으로 들어와 배를 채우고, 다시 배에서 코나 입으로 나가는 움직임에 집중한다. 계속해서 천천히, 깊게 숨을 들이마신 후 다시 천천히, 깊게 숨을 내뱉는다. 배는 숨을 들이쉴 때마다 부풀었다가 숨을 내뱉을 때마다 가라앉을 것이다.

우리가 숨을 쉬는 게 당연하듯 마음도 산만해지는 게 당연하다. 마음이 산만해지면, 들어오고 나가는 공기에 집중하며 마음을 호흡으로 되돌린다.

우리는 다른 할 일도 없고 갈 곳도 없다. 단지 호흡과 함께 현재에 있을 뿐이다. 마음이 다시 길을 잃는다면 살며시 포용하며 오르락내리락하는 배로 마음을 데려온다. 이 과정을 원하는 만큼 이어간다. 그리고 마칠 때가 되면 천천히 눈을 뜬다.

아주 간단하지 않은가? 온라인에는 수천 가지 명상법이 있으니 다른 방법도 시도해 보기를 바란다. 분명히 자신과 맞는 방법을 찾을 것이고, 명상은 우리를 현재와 연결해 줄 것이다.

📖

일상에서 특별함을 찾을 수 있을까?

카밧진과 데이비드슨의 연구를 다시 살펴보자. 8주간의 프로그램이 끝난 후 연구자들은 참가자들에게 실제로 혼자 얼마나 명상했는지 물었다. 앞에서 설명한 것처럼 참가자들은 매일 따로 45분간 명상을 해야 했다. 예상했겠지만 모두가 숙제를 하지는 않았다. 매일 숙제를 성실히 한 참가자들도 있기는 했다. 하지만 매일 20분만 명상한 참가자, 일주일에 두 번만 명상한 이도 있었다. 흥미로운 것은 명상 시간은 달랐어도 효과에는 별다른 차이가 없었다는 사실이다! 일주일에 두 번만 명상한 이도 8주간 매일 명상한 이들과 같은 심리적, 생리적 혜택을 누렸다.

명상 숙제를 제대로 하지 않은 참가자들도 혜택을 누린

이유는 무엇일까? 이에 대한 답은 아마도 수업에서 자신의 마음에 집중하라는 조언을 들었고, 따라서 명상하지 않을 때도 마음의 소리에 귀를 기울였기 때문일 것이다. 우리는 언제든, 어느 곳에서든—글을 읽는 바로 지금, 혹은 회의에 참석하거나 빨래를 하면서도— 마음에 집중할 수 있다. 『지금의 효과The Now Effect』의 저자 엘리샤 골드스테인 박사Dr. Elisha Goldstein에 따르면, "마음 챙김은 기본적으로는 형식에 맞추든 맞추지 않든 단순한 인식만으로도 수행이 가능하다. (중략) 형식에 맞추지 않고 수행하고자 한다면 단순히 우리가 하는 모든 것에 주의를 좀 더 기울이면 된다. 이러한 사고방식은 우리가 하는 거의 모든 행동에 적용할 수 있다. 하지만 형식에 맞추고자 한다면 답은 마음 챙김 명상이다."[27]

따라서 형식에 맞춰 하고 싶은 만큼 오랫동안 앉아 들이마시고 내쉬는 숨에 집중하든—정해진 규칙에 따라 마음을 현재에 집중시키고, 마음이 다른 곳으로 떠나면 현재로 돌아오자고 자신을 다독이며— 형식에 맞추지 않든, 마음 챙김의 혜택은 얻을 수 있다. 8주 프로그램은 현재에 충실한 마음가짐이 얼마나 중요한지를 참가자들에게 매주 일깨워 주었다.

그 결과, 참가자들은 자신의 마음에 더 자주 집중하게 되었다. 하루 45분간 형식에 맞게 명상했는지, 다른 일상적인 활동을 하며 마음을 챙겼는지는 상관없이 말이다.

마음에 집중하면 우리는 일상에서 신성함을 발견하고 평범함을 특별함으로 바꿀 수 있으며 마음의 안녕을 향상시킬 수 있다. 자유를 얻으려고 목숨을 걸어야 할 때는 물론 친구와 저녁 식사를 하며 대화를 나눌 때, 사원에서 기도를 드릴 때나 직장에서 엑셀 스프레드시트를 작성할 때도 가능하다. 틱낫한 스님에 따르면 "어떤 순간에도 우리는 선택할 수 있다. 그 선택은 우리를 우리의 영혼으로 이끌 수도 있고 영혼으로부터 멀어지게 할 수도 있다."[28]

바로 지금에 집중한다

마음 챙김과 관련한 자료를 읽으며 내가 얻은 가장 중요한 가르침은 먼 곳으로 떠나야만 영적인 삶을 살 수 있는 게 아니라 바로 이곳에서, 바로 지금 가능하다는 것이다. 허황된 '영원히 행복한' 삶을 찾으러 먼 길을 떠나는 대신 우리는 지금 살고 있는 떠들썩한 여정에서도 완전한 순간을 찾을 수 있다. 이러한 순간들은 귀중하다. 그 자체로 즐겁기도 하지만 우리에게 삶의 불행을 헤쳐 나가는 데 필요한 원료를 제공하기 때문이기도 하다.

형식에 신경 쓰며 즉, 눈을 감은 채 들어오고 나가는 숨에 주의를 기울이거나 요가 자세(아사나)를 취한 채 몸이 알리는 감각에 집중하며 현재 순간을 인식할 수 있다. 혹은 일상에서 어떤 활동을 하든 동시에 현재를 인식하고 마음 챙김이 주는 이점을 경험하는 것도 가능하다. 식사를 하든, 청소를 하든, 빨래를 개든, 산책을 하든, 이메일을 쓰든, 반려견과 공 던지기 놀이를 하든 일상 활동을 하며 현재에 집중하는 연습도 할 수 있다. 미국 작가 헨리 밀러Henry Miller에 따르면 "대상이 어떤 것이든, 심지어 풀잎 하나일지라도, 그것에 세심하게 관심을 기울이는 순간, 그 자체로 신비롭고 놀라우며 말로 표현할 수 없을 만큼 세상이 확장된다."[29] 밀러는 세상과 삶에 영혼을 불어넣는 방법을 묘사하고 있다. 일상에서 자신의 마음 상태에 관심을 가지고 마음의 안녕을 향상시키기 위한 몇 가지 방법이 있다.

듣는다

대화를 나눌 때 우리는 본능적으로 머릿속에서 말하고 싶은 내용을 떠올리고 바로 뛰어넘으려고 한다. 상대가 무슨 말을 할지 안다고 생각해서일 수도, 상대에게 필요할 말이 무엇인지 안다고 믿어서일 수도 있다. 때로는 너무 쉽게 대화에 신경을 끄기도 한다. 대화를 끝낸 후 해야 할 일 같은 딴생각을 할 때도 있다. 친구와 전화로 서로의 근황을 주고받으며 동시에 기사나 SNS 글을 한가롭게 넘겨 볼 때도 있다. 하던 일을 멈추고 진정으로 상대의 말을 듣기만 하는 경우는 얼마나 있을까? 우리가 마음을 열고 귀를 기울여 상대의 말을 들을 때가 있기는 한 걸까?

단순히 듣는 행동의 이점에 관한 연구는 매우 많다. 듣는 사람과 말을 하는 사람 양쪽에 해당하는 이점이다.[30] 주의를 기울여 듣는 사람은 형식을 차리지 않은 마음 챙김 수련을 하는 것과 같은 이점을 누리게 된다. 남이 자기 말을 들어 주는 경험을 하며 자라는 아이들은 더 긍정적이고 자신감 있는 어른으로 자란다. 상사가 말을 들어 주는 직원은 퇴사할 확률이 낮고 일에 열정적일 확률이 높다. 서로의 말을 잘 듣는 부부는 더 건강한 관계를 유지하며 오래 함께 산다는 사실은 놀랍지 않다. 실제로 자녀, 동반자, 절친한 친구, 부모, 동료 등과 깊은 관계를 형성하려면 경청은 기본이다.[31]

완전한 존재로서 다른 사람의 말을 듣는 것만큼 중요한 일은 나의 말을 듣는 것이다. 일기를 쓰거나 내면을 바라보거나 자기 생각을 주의 깊게 살피거나 자신의 욕망에 충실히

마음의 안녕

관여하며 내면의 말을 들을 수 있다. 평가나 비판 없이 글을 쓰고 경험하는 것만으로도 걱정에서 해방될 수 있고, 동시에 자신과 세계를 이을 수 있다.[32]

연결하기 위해 연결을 끊는다

현대 사회의 정신없이 바쁜 속도와 멀티태스킹 덕분에 집중이 아닌 산만함이 표준이 되었다. 이러한 흐름을 되돌리는 간단한 방법은 휴대 전화와 노트북을 잠시 멀리하는 것이다. 매 순간 이메일이 쌓이고 전화벨이 울리며, 화면이 번쩍이거나 소음이 이어지고 있다. 지속적이고 변덕스럽게 우리를 공격하는 자극은 집중하는 능력과 성향을 점차 잃게 한다. 휴대 전화를 무음 상태로 해 두기, 하루 중 특정 시간대나 집 안 특정 장소에서 '전자기기 안 쓰기'라는 규칙 정하기, 멀티태스킹 하지 않기 등은 모두 형식에 구애받지 않고 마음 챙김을 실천하는 방법이다.

음미한다

먹는 것으로도 우리는 일상에서 마음 챙김의 이점을 경험할 수 있다. 몇 년 전 어느 마음 챙김 워크숍에 참석한 적이 있는데 그곳에서 '건포도 먹기'라는 체험을 했다. 집에서도 쉽게 할 수 있는 활동으로, 건포도 하나를 입에 넣고 바로 삼키는 게 아니라 정말로 **건포도를 먹어야** 한다. 먼저 건포도를 한 알만 집어 건포도의 질감, 색을 관찰한다. 건포도 색은 그냥 갈색이 아니다. 보라색, 주황색, 검은색 등 빛이 어느 부분을 비추느냐에 따라 다채로워 보일 것이다. 독특하고 달콤한 건포도의 냄새도 맡아 본다. 이제 건포도를 입 안에 넣되 씹지는 않는다. 혀로 건포도를 굴리며 질감을 느껴 보자. 그런 뒤에 딱 한 번만 씹어 본다. 무엇이 느껴지는가?

건포도의 다양한 맛을 관찰하려면 이 순간에 집중해야 한다. 이렇게 하면 건포도 한 알을 먹는 데 15분도 걸릴 수 있다! 물론 무언가를 먹을 때마다 이 과정을 전부 거치라는 말은 아니다. 하지만 평소에 식사할 때도 음식을 음미하는 데 시간을 내 볼 것을 권유한다. 매일 10분, 아니면 일주일에 딱 한 번이라도 음식 한 가지 혹은 식사 한 끼를 온 감각으로 경험하는 습관을 들여도 좋겠다. 음식을 독특하고 특별하게 만드는 놀라운 질감, 향, 맛에 제대로 집중해 보기를 바란다.

존재 자체가 선물이다

1999년, 긍정 심리학 분야의 권위 있는 학자인 미하이 칙센트미하이Mihaly Csikszentmihalyi는 간단한 질문을 했다. "우리는 이토록 부유한데 왜 행복하지는 않은가?"[33] 칙센트미하이의 말은 우리 세대가 이전 세대보다 부유하지만 그만큼 더 행복하지는 않다는 사실을 암시한다. 실제로 물질적 풍요의 수준은 계속해서 올라가고 있지만 우울과 불안의 수준 역시 높아지는 중이다. 이 불행한 상황에는 여러 가지 이유가 있다. 사람들은 움직이는 대신 더 많은 시간을 앉은 채로 보내고, 점점 더 많은 관계를 가상 세계에서 이루며, 따라서 진정한 연결은 줄어들고 있다. 더불어 어린이와 성인 모두의 정신 건강 상태가 악화되는 주된 이유 중 하나는 산만함의 수준이 점점 높아지고 있기 때문이다. 지금 우리 안에 혹은 우리 앞에 있는 게 무엇이든 이에 집중하겠다고 약속해야만 이 산만함을 해결할 수 있다.

심리치료사 타라 베넷 골먼Tara Bennet-Goleman이 쓴 훌륭한 저서인 『감정의 연금술』에 칙센트미하이의 질문에 대한 명쾌한 답이 나온다. 이 책에서 베넷 골먼은 왜 물질적 부가 커진다고 행복 수준이 상승하지 않는지, 그리고 이를 바꾸려면 우리가 무엇을 해야 하는지를 다음과 같이 설명한다.

산해진미가 가득한 식탁, 이국적인 곳으로 떠나는 여행, 재미있고 매력적인 연인, 고급 저택 등이 주는 경험조차도, 우리가 완전히 집중하지 않고 우리를 괴롭히는 생각에 사로잡혀 마음이 다른 곳에 가 있다면 덧없고 공허하게 느껴질 수 있다. 마찬가지로 갓 구운 빵 한 조각을 먹고, 예술 작품을 보고, 사랑하는 사람과 함께 시간을 보내는 등 삶의 가장 단순한 즐거움에 완전한 관심을 기울이면 우리는 충분히 풍요로워진다. 불만족에 대한 해결책은 외부에서 받는 색다른 만족이 아니라 우리 안에, 우리 마

음속에 있다.34

베넷 골먼은 우리가 형식에 구애받지 않고 마음 챙김을 할 수 있는 수많은 기회가 있다고 말한다. 경험에 임하는 것만으로도 우리가 하는 모든 일에서 마음의 안녕을 찾을 수 있다고 알려준다. 그럼에도 많은 사람이 하루의 대부분을 무관심한 채로 보내며 마음의 안녕을 쌓을 기회를 놓친다. 다행히 더 많은 의미를 찾을 기회는 어디에나 있다. 알베르트 아인슈타인Albert Einstein은 이런 말을 한 적이 있다고 한다. "삶을 사는 방법은 단 두 가지이다. 하나는 기적은 없다고 여기며 사는 것, 다른 하나는 모든 것이 기적이라고 여기며 사는 것이다." 요가 매트 위에서든, 혼자 밖에서 산책을 하든, 친구와 수다를 떨든, 마음 챙김을 수행하며 삶을 산다면 모든 것이 기적이자 마음을 채우는 경험이 된다.

우리 모두 한 번쯤은 일상에서 기적 같은 경험을 해 본 적이 있을 것이다. 평범함을 넘어 특별함을 볼 수 있었던 때를, 역경을 이겨 낸 기적 같은 순간을 떠올려 보자. 책에서 가슴 저미는 문장을 읽거나 감동적인 노래의 아름다운 구절을 들을 때다. 공원을 산책하다가 피부를 스치는 바람을 느끼거나 직장에서 힘든 프로젝트를 마침내 만족스럽게 끝냈을 때 특별한 기분을 경험했을 것이다. 막 걸음마를 하는 아기를 보며 혹은 두둥실 떠오른 보름달을 보며 느꼈을지도 모른다. 이 모든 경험의 공통된 요소는 주변에 무심하지 않고 주의를 기울였다는 점이다. 완전히 몰두한 채로 그 순간과 활동에 열중했을 것이다.

'지금'과 '현재'를 가리키는 영어 단어 present에 '선물'이라는 뜻이 있는 것은 우연의 일치라고 볼 수 없다. 지금 이 순간은, 다른 모든 순간과 마찬가지로 우리에게 선물이 될 가능성이 충분하다.

마음의 안녕

⌒⌒⌒ 행복 공부하기 **마음의 안녕** ⌒⌒⌒

행복 수준을 확인하기 위해 행복 공부의 3단계인 점수 매기기, 설명하기, 처방 내리기를 마음의 안녕에 초점을 맞춰 실행해 보자. 다음과 같이 질문하고 마음의 안녕을 어느 정도로 경험하는지 1부터 10 사이 점수를 매긴다.

행복 수준 질문

☐ 직장에서 목적의식을 느끼며 일하는가?
☐ 집에서 자신이 의미 있다고 느끼는가?
☐ 현재에 충실한가?
☐ 자신의 마음에 집중하는가?

질문에 대한 답을 생각한 후 점수를 매겼다면 왜 이 점수를 줬는지 설명한다. 그런 다음에 우선은 1점 더 올릴 수 있는 방법 중 하나를 골라 처방을 내린다.

행복 처방전

☐ 자신의 직업을 천직으로 묘사해 보기
☐ 습관적으로 하던 일을 멈추고 마음을 목적과 연결하기
☐ 매일 5분간 마음 챙김 수련하기
☐ 매일 한두 시간 정도 한 번에 한 가지 일에만 집중하기

자신에게 내린 처방을 잘 지키고 있는지 매주 확인한다.

Physical
Wellbeing

몸의 안녕

특정한 사람이 될 때까지 그런 사람인 것처럼
행동하라.

때로는 기쁨이 미소의 원천이 되기도 하지만
미소가 기쁨의 원천이 될 때도 있다.

– 틱낫한Thich Nhat Hanh

행복에 관한 연구는 우리가 어떤 일을 겪고 있든 간에 언제나 의미가 있다. 좋은 시기에도 도움을 주지만 힘겨운 시기를 헤쳐 나가는 데에도 분명히 중요한 역할을 한다. 우리의 회복탄력성을 높이고 안티프래질 상태가 되도록 한다. 즉, 앞에 도전 과제가 놓일 때 우리를 더 강하게 만든다.

이 글을 쓴 2020년은 팬데믹으로 인한 격리가 한창이었다. 많은 사람이 믿을 수 없을 정도로 힘든 한 해를 경험했고 각자 다른 방식으로 대응했다. 내가 아는 사람 중에는 이 위기에 아주 적절하게 대처한 이들도 있다. 사회적 거리 두기로 인해 집에 머물러야 하는 제약은 이들에게 사랑하는 사람과 더 많은 시간을 보내고, 당연하다고 여긴 것들을 소중하게 돌아볼 시간을 확보할 수 있는 좋은 기회였다. 그들은 멋지게 이 시기를 넘겼다. 하지만 시간이 지날수록 예외 없이, 거의 모두는 기분과 전반적인 상태가 저하되는 상황을 경험했다. 이들은 이 시기가 휴가가 아니라 '뉴노멀'이라 불리는 새로운 일상이라는 것을 문득 깨달았고, 활력은 점점 줄어들었다.

반면에 이 시기를 매우 불안해하며 확신 없이 맞이한 사람들은 현실에 차츰 익숙해졌고 더 잘 버티게 되었다. 그리고 계속해서 기분이 오르락내리락 요동쳤던 이들도 있었다. 아마도 대부분 여기에 속했을 것이다. 이들은 기분이 즐거울 때도, 끔찍할 때도 있었다. 평온하게 시간을 보낼 때도 있지만, 공포에 휩싸이기도 했다. 하지만 거의 모든 이가 유례없는 상황에 압도당하고 스트레스를 받았다.

하지만 우리는 여전히 낙관할 수 있다. 몸을 더 건강하게 하는 간단한 단계를 따라가다 보면 회복탄력성과 행복을 향해 힘차게 나아갈 수 있다. 이번 장에서는 마음과 몸의 관계, 그리고 심리학과 생리학이 어떻게 서로 연결된 하나의 체계를 구성하는지를 살필 것이다. 이 체계의 특징을 살피면 신체적 강인함이 어떻게 심리적 강인함을 일으키는지, 그리고 스트레스가 적절히 이해되고 다뤄졌을 때 우리의 안녕에 어떻게 도움이 되는지도 알 수 있을 것이다.

마음과 몸은 하나다

몸의 안녕을 높이고 우리의 잠재력을 채우는 첫 번째 단계는 마음과 몸의 뗄 수 없는 연결성을 확인하는 것이다. 그러나 마음과 몸은 서로 다른 독립체라는 '이원론'이 더 널리 알려져 있다.[35]

왜 이원론적 시각이 문제가 될까? 매사추세츠 공과대학의 시스템 과학자 피터 센게Peter Senge는 이렇게 설명한다. "코끼리 한 마리를 반으로 가른다고 작은 코끼리 두 마리가 생기는 것은 아니다. 생명체는 통합성을 지닌다. (중략) 생명체의 특성은 생명체 전체에 의해 좌우된다."[36] 마찬가지로 인간을 마음과 몸, 둘로 나눈다고 해서 작은 인간 두 명 혹은 생존 가능한 두 독립체가 생기는 것은 아니다. 인간을 마음과 몸으로 나누는 것은 인위적인 분리다. 변화를 일으키고 싶다면 사람 전체를 봐야 한다. 행복은 완전한 사람의 안녕이라는 것을 기억하자.

마음과 몸이 통합되었음은 여러 방식으로 나타난다. 예를 들어 생각과 감정은 몸에―취하는 자세부터 행동까지―영향을 준다. 한편 몸의 움직임은 우리의 마음가짐에 영향을 미치기도 한다. 안면 피드백 가설Facial feedback hypothesis에 따르면, 미소를 짓거나 인상을 찌푸릴 경우 또는 친절한 표정이나 화난 표정을 짓는 경우, 감정이 따라간다.[37] 연구 참여자들은 화난 사람의 표정을 흉내 내자 심박수와 피부 온도가 올라갔고 기분이 나빠졌다고 밝혔다.

얼굴뿐만 아니라 우리 몸 전체가 기분을 바꾸는 데 쓰일 수 있다. 플로리다 애틀랜틱대학교 심리학자 세라 스노드그래스Sara Snodgrass는 연구 참여자를 두 그룹으로 나눈 후, 각 그룹에 3분간 특정한 자세로 걸으라고 요청했다. 첫 번째 그룹은 시선은 앞으로 향한 채 팔을 앞뒤로 흔들며 큰 보폭으로 걸었다. 자신감과 낙관적인 기분을 외부로 드러내는 걸음걸이였다. 두 번째 그룹에는 시선을 아래로 향한 채 발을 끌며 작은 보폭으로 걸으라고 했다. 낙담한 채로 생각에 잠긴 상태일 때의 걸음걸이다. 결과는 어땠을까? 3분간 '행복한' 산책을 한 첫 번째 그룹은 기분이 더 좋아졌다. 이 실험은 우리가 춤추거나 달리기를 하면 왜 대체로 기분이 좋아지는지 혹은 적어도 기분이 나아지는지를 설명해 준다. 운동으로 인한 생리학적인 영향을 넘어 우리가 춤을 추거나 달릴 때 취하는 자세 자체가 감정 상태에 이롭게 작용하는 것이다.[38]

마음과 몸의 연관성을 인상적으로 강조하는 또 다른 실험도 있다.[39] 클리블랜드 클리닉Cleveland Clinic 의사들은 실험 참가자들을 네 그룹으로 나누고 12주 동안 일주일에 5일씩, 하루에 15분간 운동을 하라고 지시했다. 첫 번째 그룹은 '새끼손가락을 머릿속에서 구부리기' 운동을 해야 했다. 즉, 실제로 움직이지는 않고 손가락을 움직이는 상상만 하는 것이다. 두 번째 그룹은 이두박근 운동을 위해 팔꿈치를 구부리는 동작을 머릿속에 그렸다. 세 번째 그룹은 물리적으로 힘을 주며 실제로 손가락을 움직였다. 대조군인 네 번째 그룹은 아무것도 하지 않았다. 어떤 결과가 나왔을까?

예상대로 대조군인 네 번째 그룹에는 아무런 변화가 없었

몸의 안녕

다. 또한 당연하게도 손가락을 움직이는 운동을 한 세 번째 그룹은 손가락 힘이 강해졌는데, 구체적으로 53퍼센트나 증가했다. 놀라운 결과는 머릿속으로만 운동한 첫 번째 그룹에서 나왔는데, 손가락 힘이 35퍼센트나 증가했다. 손가락 하나 까닥하지 않았는데 말이다! 머릿속으로 이두박근 운동을 상상한 두 번째 그룹도 팔 힘이 13.5퍼센트나 강해졌다. 마음과 몸은 이렇듯 하나로 연결되어 있다. 따라서 행복을 위해 잠재력을 발휘하려면 우리는 마음과 몸이 각각 제공하는 것을 더 잘 활용해야 한다.

≫ 작품 읽기 : 로댕의 「생각하는 사람」 ≪

오귀스트 로댕Auguste Rodin이 만든 아름다운 청동 조각상인 「생각하는 사람Le Penseur」은 연결된 마음과 몸에 관해 많은 것을 가르쳐 준다. 로댕은 의뢰를 받아 이 작품을 19세기 말부터 20세기 초까지 수년간 작업했다. 원래 로댕은 시인이자 철학자인 단테Dante와 그의 작품 「신곡」을 주제 삼아 조각하려고 했다. 그래서 생각하는 사람을 긴 가운을 입은 인물로 묘사할 계획이었으나 결국 전형적인 학자의 모습으로는 나타내지 않기로 했다. 대신 강한 육체적 존재를 가진 사람으로 표현했다. 조각상은 근육질의 나체로 손을 턱에 괸 채 몸을 웅크리고 있다. 마치 용수철처럼 튀어 오를 것 같은 자세로, 어떤 행동을 취하기 직전처럼 보인다. 로댕은 왜 「생각하는 사람」을 이런 모습으로 만들었을까? 그는 이렇게 적었다. "내 「생각하는 사람」이 생각하도록 만드는 것은 그의 뇌와 찌푸린 눈살과 팽창한 콧구멍과 굳게 다문 입뿐만이 아니다. 그는 팔과 등과 다리와 꽉 쥔 주먹과 힘을 준 발가락의 모든 근육으로 생각하고 있다."[40]

「생각하는 사람」에서 우리는 합쳐진 마음과 몸을 볼 수 있는 것이다.

스트레스에 관한 오해

스트레스는 위협이 실제로 일어나거나 위협을 인지할 때 그에 대한 반응으로 나타난다. 우리의 뇌는 심장 박동수를 높이고 감각을 예리하게 만드는 호르몬을 내보내라고 신호하며 투쟁, 도피, 경직으로 반응한다. 이렇게 뇌는 우리가 도망가거나 공격자에 맞서거나 자신을 보호하도록 준비시킨다. 건강을 위협하는 요인인 스트레스는 학교에, 대학 캠퍼스에, 직장에, 전 세계에 팬데믹 규모로 퍼져 있었다.[41] 코로나바이러스로 인한 팬데믹 이전부터, 중국 정부는 국민 사이에 증가하는 스트레스 수준을 자국이 더 잘 관리해야 한다고 선언했다. 그 직후 호주도 비슷한 선언문을 내놓았다.

아주 오래전부터 우리는 이미 스트레스로 곤경에 처해

있었다. 그리고 상황은 더 악화됐다. 압박감이 쌓이고 툭하면 최악의 시나리오가 머릿속을 맴도는 탓에 우리는 쉽게 경계 태세에 돌입하게 된다. 스트레스받을 이유가 점점 늘어나고 있기 때문에 우리의 뇌는 항상 경계를 늦추지 않고 위험에 주의하는 상태다. 우리는 더 이상 현재가 안전하다고 느끼거나 자신감을 갖지 못할지도 모른다. 어쩌면 우리가 속한 공동체의 미래와 해외로 걱정 없이 마음껏 여행할 수 있을지 여부, 경제와 수입, 우리 아이들의 교육, 또는 자신과 사랑하는 사람들의 건강 때문에 불안해하고 있을지도 모른다.

이 온갖 스트레스를 어떻게 하면 좋을까? 지난 몇십 년간 심리학자와 생리학자 들은 직장과 대학 캠퍼스 등 많은 장소에서의 스트레스를 연구해 왔다. 연구 결과는 다소 놀라웠으며 직관에 반하는 내용도 있었다. 대부분 스트레스는 건강과 행복에 방해되는 요소라고 믿는다. 하지만 사실 우리는 줄곧 엉뚱한 원인을 탓하고 있었다. 스트레스를 받는 것과 스트레스 자체는 문제 되지 않으며 사실 스트레스는 우리에게 도움이 될 수도 있다.[42]

한 가지 비유를 들어 보자. 헬스장에 가서 덤벨을 드는 상황이다. 근력 운동을 할 때 근육은 어떤 영향을 받을까? 근육은 스트레스를 받고 근육 섬유는 끊어진다. 우리는 이를 나쁜 일이라고 생각하지 않는다. 근육 섬유가 끊어졌다가 회복할 때 우리는 예전보다 더 강해지기 때문이다. 일주일 후에는 약간 더 무거운 덤벨을 들 수 있다. 신중하게 무게를 늘려가며 1년간 열심히 훈련하고 나면, 힘은 세지고 몸은 더 튼튼해질 것이다. 스트레스 덕분에 말이다! 스트레스는 문제가 아니다. 오히려 스트레스는 신체의 안티프래질 시스템을 작동시킨다.

문제는 빨리 건강해지겠다며 무리할 때 생긴다. 덤벨을 들고 1분 뒤에 더 무거운 덤벨을 드는 행위를 되풀이하는 경우다. 다음 날에는 더 많은 횟수로 자신을 몰아붙이고 그다음 날에는 더 무리한다면? 너무 많은 양을 너무 빠르게 소화하려다가는 곧 다치게 된다. 더 강해지는 것이 아니라 더 약해지고, 에너지는 채워지는 대신 고갈된다. 근육은 손상된 채 회복할 기회를 얻지 못한다. 따라서 문제는 스트레스가 아니다. 문제는 **회복 부족**이다.

헬스장에서 신체적으로든, 일상에서 심리적으로든 문제

는 스트레스의 존재 자체가 아니라 회복의 부재다.[43] 이를 구분 지으면 잠재적으로 삶을 변화시킬 수 있다. 스트레스는 원래 삶의 일부였다. 인간은 50년 전에도, 5천 년 전에도 스트레스를 견디며 살아왔다. 먼 과거에는 크고 사나운 짐승을 피하거나 겨울을 대비하는 것이 스트레스 요소였다. 오늘날 스트레스는 여러 방향에서 우리를 향해 쏟아진다. 갑자기 차 시동이 걸리지 않고, 자녀들은 매일 싸운다. 분기 말 보고서를 내야 하고 고객이 보낸 이메일 제목에는 '긴급'이라고 적혀 있으며 노트북 위에 커피를 쏟는 일도 생긴다. 하지만 우리는 이 모든 스트레스에 대처할 수 있다. 사실 우리는 매우 능숙하게 대처한다. 매일 우리가 재빨리 꺼 버리는 작은 불길들만 떠올려 봐도 알 수 있다.

하지만 현대의 삶과 수천 년 전의 삶에는 차이가 하나 있다. 예전에는 회복할 시간이 더 길었다는 점이다. 오늘날 우리는 항상 무언가를 하고 있는 데다 집안일과 회사 일로 일정이 꽉 차 있어 회복할 시간이 없다. 우리는 회복이 우리의 행복뿐만 아니라 더 넓은 관점에서 아주 중요하다는 사실을 간과한다. 스트레스와 회복 부족이 합쳐지면 신체적으로나

정신적으로 모두 지극히 해롭다.[44]

　스트레스 대유행에 대처하는 가장 좋은 방법 중 하나는 치열하게 경쟁하는 대신 히말라야산맥을 등반한 후 하루에 여덟 시간씩 명상하는 것이다. 하지만 이 방법은 실행 가능하지도 않고, 우리가 원하는 게 아닐 수도 있다. 그렇다면 다른 방법이 있을까? 물론 있다. 야망이 크고 열심히 일하며 성공한 데다 건강하고 행복한 사람들로부터 배우는 것이다. 이들도 다른 모든 사람과 마찬가지로 스트레스를 받는다. 하지만 남들과는 다른 방법으로 스트레스에 대처한다. 이들은 극도로 바쁜 삶 속에도 짧은 휴식과 긴 휴식을 여기저기에 배치한다. 그사이 회복이 이뤄지고, 에너지는 채워진다.[45] 회복은 미시적, 중시적, 거시적인 수준으로 나뉜다.

미시적 수준의 회복 : 5초 만으로 충분하다

미시적 수준의 회복이란 용어에서도 알 수 있듯이 짧게 휴식을 취하는 것이다. 두 시간마다 15분짜리 휴식을 배치해 커피 한잔을 하거나 명상을 하거나 건물 한 바퀴를 돌고 오는 활동을 말한다. 짬을 내어 독서하거나 짧게 운동하거나 고객과의 회의 사이사이에 좋아하는 노래를 듣는 것이 될 수도 있다. 안티프래질 시스템을 작동시킬 정도가 되려면 '정말로' 회복해야 한다. 점심시간에 온전히 쉬는 대신 고객과 전화 통화를 하고 휴대 전화로 업무 이메일에 답장한다면 진정한 회복이 아니다. 그냥 스트레스를 더 쌓는 일이다.

스트레스 전문가인 동료 한 명이 몇 년 전 뉴욕의 한 증권거

몸의 안녕

래소에서 워크숍을 진행했다. 이 회사는 스트레스가 많은 시기를 보내고 있었고 직원들은 탈진해 무기력해지는 번아웃 burn out 증후군에 시달리고 있었다. 이직하려는 직원도 있었고 몸이 아파 저조한 성과를 보이는 직원도 있었다. 내 동료는 '문제는 스트레스가 아니라 회복 부족'이라는 내용으로 짧게 강연했다. 강연이 끝나자 그의 말에 납득한 참석자들이 앞으로 나아가려는 열망을 보였다.

"알려 주세요, 박사님. 우린 뭘 하면 될까요?"

스트레스 전문가는 직원들에게 말했다.

"두 시간마다 15분씩 쉬면 됩니다."

이 말에 그들은 웃으며 물었다.

"농담하시는 거죠?"

"아니요, 농담이 아닙니다. 왜 농담이라고 생각하나요?"

"우린 종일 눈을 모니터에 고정한 채로 일하니까요. 15분 안에 전 세계 주식 시장에 무슨 일이 생길 수 있는지 알아요? 우린 모니터 앞에서 점심을 먹어요. 쉬러 갈 수 없어요."

"그럼 5분은요?" 그가 직원들에게 물었다.

"안 돼요!"

"그럼 30초는요?"

그들은 이 제안에 동의했다.

"좋아요. 두 시간마다 30초씩 쉬는 거예요. 이 30초간 눈을 감고 깊게 숨 쉬어요. 5, 6초 동안 숨을 들이마시고 다시 5, 6초 동안 숨을 내쉬는 거죠. 그렇게 세 번 호흡해요. 더 하고 싶으면 네 번이요. 하지만…" 스트레스 전문가는 덧붙였다. "**꾸준히** 해야 합니다. 매일 두 시간마다 꼭이요. 내가 여기 왔던 게 문득 떠올라서 오늘이랑 내일 정도만 하는 거 말고요. 습관으로 삼길 바랍니다."

"그렇게 할게요." 다들 동의했다. 그리고 정말로 그렇게 했다.

증권거래소 직원들은 두 시간마다 깊은 호흡을 서너 번 했고, 그 결과 마음 상태, 생산력, 창의력, 에너지 등에서 전반적인 차이를 경험했다고 말했다. 왜 그랬을까? 30초 동안 이루어진 깊은 호흡은 그들에게 절실히 필요했던 회복력을 제공했기 때문이다.

투쟁, 도피, 경직은 스트레스 반응stress response이다. 깊은 호흡은 이완 반응relaxation response을 이끌어 낸다.46 스트레스 상태에서 회복으로의 전환은 이렇듯 깊은 호흡 세 번으로도 가능하다. 여러분도 해 보길 바란다! 천천히, 부드럽게, 깊게 숨을 들이마시며 배가 부풀어 오르고 내쉬며 꺼지는 것을 확인하자. 흥미롭게도 아기는 자고 있을 때나 깨어 있을 때나, 거의 매번 자연스럽게 이런 완전한 방식으로 호흡한다. 어른은 특히 깨어 있을 땐 이렇게 호흡하지 않는다. 이는 스트레스가 쌓여서 생기는 결과이며 동시에 스트레스가 쌓이는 원인이 된다. 스트레스로 숨을 얕게 쉬게 되고, 따라서 스트레스가 더 쌓이는 이 하향 나선에서 벗어나려면 우리는 깊게 호흡하는 데 더 익숙해져야 한다. 애리조나대학교 통합 의학 센터의 설립자이자 센터장인 앤드루 웨일Andrew Weil 교수는 이렇게 말한다. "더 건강한 삶을 위한 조언을 단 하나로 줄여야 한다면, 올바른 호흡 방법을 배우라고 말하고 싶다."47

다행히도 호흡은 말 그대로 우리의 바로 코앞에서 몸의 안녕을 실천할 수 있는 방법으로, 거의 모든 상황에서 아무 때나 활용할 수 있다. 출근길이든 컴퓨터 앞에 앉아 있을 때든 중요한 회의에 들어가기 전이든 상관없이 차분해지고 싶을 때면 언제든 집중해서 서너 번 깊게 호흡하면 된다. 근무 중 두 시간마다 30초씩 휴식을 취하며 깊게 숨쉬기를 습관 삼아 보자. 필요하다면 알람을 맞춰 두는 것도 좋다. 규칙적으로 심호흡하는 습관은 삶의 질에 큰 차이를 만든다. 두 시간마다 규칙적으로 15분간 쉴 수 있다면 더욱 좋다. 좀 더 짬을 낼 수 있다면 명상이나 요가, 산책, 혹은 더 힘든 운동을 일과에 추가하길 바란다.

하버드대학교 필립 스톤Philip Stone 교수는 나의 롤모델이자 멘토다. 나는 6년간 그의 밑에서 조교로 일했고 그가 은퇴할 때 긍정 심리학 수업을 넘겨받았다. 스톤 교수는 내게 많은 가르침을 주었는데, 가장 중요한 가르침 중 하나는 1999년 네브래스카주에서 사상 처음으로 열린 긍정 심리학 콘퍼런스에 참가했을 때였다. 이 콘퍼런스는 내가 오랫동안 공부해 온 자료를 쓴 연구자들의 강연을 직접 들을 수 있는 대단한 자리였다. 콘퍼런스 두 번째 날 점심시간, 쉬고 있는데 누군가 내 방문을 두드렸다. 스톤 교수였다. 그는 이렇게 말했다. "산책하러 갈까?"

"산책이요? 어디로요?" 내가 묻자 그는 이렇게 답했다. "그냥 산책."

아무런 이유도 없었다. 재촉하지도 않았다. 정해 둔 목적지도 없었다. **그냥 산책**, 딱 이 두 단어가 회복에 필요한 전부였다.

중시적 수준의 회복 : 잠은 투자이다

중시적 수준의 회복은 하루 휴가를 내는 것처럼 우리 삶에 평소보다 긴 휴식을 추가하는 것이다. 성경에 따르면, 하느님도 이 세상을 만든 후에 하루를 쉬지 않았는가! 이는 그저 인간일 뿐인 우리에게 중요한 메시지를 던진다. 하루 휴가를 내는 사람은 더 행복해질 뿐만 아니라 전반적으로 생산성과 창의력이 더 높아진다.[48] 회복은 좋은 투자다.

숙면 역시 중요한 중시적 수준의 회복이다. 잠과 건강, 행복의 연관성에 관한 연구는 많다.[49] 24시간이라는 정해진 기간 내에 더 많은 성과를 내려는 시도 때문에 현대인들은 필요한 만큼 잠을 자지 못하고 있다. 하지만 격언도 있듯이 "잠은 거른 후 나중에 채울 수 있는 게 아니다."[50]

어른은 보통 매일 밤 7~9시간 자야 한다. 다른 조건이 같다고 했을 때, 충분히 자지 않으면 우울과 불안은 더 커진다.[51] 잠이 부족하면 우리는 더 자주 짜증을 내고 남에게 더 딱딱하게 굴게 되기도 한다. 어른이라면 어느 정도는 짜증을 억누를 수는 있겠지만 아기와 마찬가지로 수면 부족에서 큰 영향을 받는다. 말할 필요도 없이 이런 태도는 우리의 관계에 해를 끼친다. 우리가 다른 사람과 싸우거나 다른 사람을 화나게 하거나 다른 사람 때문에 화낼 가능성이 훨씬 커지기 때문이다.

수면 부족은 또한 면역 체계를 약화시켜 알레르기, 천식, 감기, 독감에 걸리기 쉬워지게 한다. 수면이 장기간 부족할 경우 특정 종류의 암과 심장 질환에 걸릴 가능성이 현저하게 증가한다는 연구 결과도 있다. 하루 평균 수면 시간이 5시간인 여성은 하루에 7시간 자는 여성에 비해 심근경색이나 관상동맥질환이 발생할 확률이 40퍼센트나 높다는 결과도 있다.[52]

아울러 충분히 자지 못하면 살이 더 잘 찐다. 잠이 부족하면 몸은 에너지가 더 필요하다는 신호를 보낸다. 신호 중 하나는 인슐린이다. 4일 정도만 가벼운 수면 부족을 겪어도(즉, 하루에 6시간 정도만 자도) 인슐린 수치는 크게 증가한다.[53] 몸은 고지방, 고과당 음식을 간절히 원하게 된다. 정크 푸드를 달라고 하는 것이다. 이는 비만으로 이어질 수 있고, 결국 당뇨병이나 다른 질병이 생길 가능성도 커진다.

수면 부족은 우리 몸속에만 영향을 주는 것이 아니다. 눈 주변으로 전날 잠을 못 잤다는 사실을 알리는 다크 서클이 생기는 등 초췌한 모습이 된다. 지속적으로 수면이 부족하면 노화도 빨라진다. 결국 잠은 젊음을 유지시킨다는 말이다. 섹스에도 잠은 중요하다. 피로는 성욕을 죽이는 주요 원인이다. 수면 부족은 테스토스테론 수치를 낮추고 남성과 여성 모두에게 성기능 장애를 일으킬 수 있다.

수면은 인지 기능에도 영향을 미친다.[54] 많은 학생이—나이가 많든 적든— 권장 수면 시간만큼 자지 않을 때 더 좋은 성적을 받을 수 있다고 믿는다. 그만큼 공부를 더 할 수 있으니 말이다. 직장인들도 잠잘 시간을 아껴서 일하곤 한다. 단기로는 좋은 해결책처럼 보일 수 있다. 업무를 끝내야 할 마감일이 닥쳤다면 필요한 전략일 수도 있겠다. 하지만 장기적으로는 해를 끼칠 것이다.

반면 적당한 수면은 큰 성과를 낳는다. 충분히 잠을 자면 생산성, 효율성, 창의성, 기억력 모두 두드러지게 향상 된다.

이 모든 이점에도 불구하고 일찍 잠자리에 들기 어렵다면, 피로가 사고의 주요 원인이라는 것을 염두에 두길 바란다.55 수면이 부족하면 근육 기능은 떨어지고, 낮에 일터에서 혹은 운전석에서 잠드는 경우도 생긴다. 미국 고속도로 교통안전위원회는 졸음운전이 매년 최대 6천 건의 치명적인 추돌사고를 일으킨다고 추산한다.

이렇듯 수면은 우리의 인지 기능, 생리 기능, 그리고 ─ 마음과 몸의 연결성을 보자면 놀라울 일은 아니지만 ─ 심리적 안정에 영향을 미친다. 수면이 계속해서 부족해지면 회복 없는 스트레스로 이어지고, 스트레스가 점점 쌓일수록 밤에 잠을 이루지 못하게 되며, 따라서 우리의 건강은 하향 나선을 따라 하락하게 된다. 캘리포니아대학교 리버사이드 캠퍼스 교수이자 수면 전문가인 세라 메드닉Sara Mednick은 이렇게 설명한다. "스트레스에 시달린다고 말하는 사람 중 대부분은 사실 전혀 그런 상태가 아니다. 이들은 단순히 잠이 부족한 것이다."56

한 가지 함정이 있다. 지난 몇 년간 나는 수면을 다루는 많은 자료를 읽어 왔는데, 때로는 이 행동이 나의 수면을 방해한다는 사실을 깨달았다! 숙면하는 게 얼마나 중요한지, 잠을 제대로 자지 않으면 어떻게 되는지를 설명하는 자료를 읽다가 잠자리에 누우면 '지금 잠들어야 해!'라는 생각이 들었다. 하지만 지금 당장 자야 한다고 생각하면 무슨 일이 일어날까? 당연히 잠이 바로 오지 않는다. 이 생각 자체를 떨쳐버려야 한다. 잠이 오지 않는다는 사실 자체에 스트레스받지 말기를 바란다. 잠자리에 누워 쉬고 있다면 이미 회복 중인 상태이다.

　머릿속이 산만하고 내일 해야 할 일들이 떠올라 불면증에 시달린다면 독서를 권유한다. 전자기기는 사용하지 않는 것이 좋다. 스크린에서 나오는 빛이 잠드는 것을 방해할 테니 말이다. 걱정을 유발해 잠을 달아나게 하는 기사도 읽지 않기를 바란다. 대신 깊고 느린 호흡은 시도해 볼 만하다.

이 모든 방법에 실패해 밤에 충분히 자지 못했다면 다음 날 낮잠을 자도록 하자. 아무것도 안 하는 것보다 훨씬 낫다. 90 분간 자는 게 이상적이지만, 15분 정도만 자도 마음이 젊어지고 기분이 나아지는 데 큰 도움이 된다. 짧은 시간 대비 효과가 큰 해결 방법이다. 수면 주기 중간에 일어나야 해서 잠이 덜 깼다면 차가운 물로 세수하거나 빠른 걸음으로 잠깐 걸으며 혈액 순환이 잘되도록 하자. 몸이 즉시 재충전됨을 느끼며, 업무에 복귀할 수 있을 것이다.

거시적 수준의 회복 : 일과 완전히 분리된
시간이 필요하다

마지막으로 거시적 수준의 회복이 있다. 며칠 혹은 몇 주간 캠핑하러 가든 휴가를 내고 독서만 하든 아니면 완전히 아무것도 안 하든 우리의 몸과 마음이 힘든 일상으로부터 회복할 수 있는 더 긴 휴식이 필요하다. 최근에 실시한 조사에 따르면 미국인의 반 이상이 연차를 다 쓰지 않는다고 한다.[57] 휴가를 보내는 이 중에서도 40퍼센트 이상이 업무 이메일을 확인하는 식으로 일과 연결된 채 보낸다. 제대로 회복하지 않으면 행복과 성취 수준은 떨어진다. 반면에 완전히 일과 분리되어 휴가를 보내는 사람들은 전반적으로 더 생산적이고 창의적이다.[58] 오락recreation과 창조creation라는 단어에 어원적 연결 고리가 있는 것은 우연이 아니다. 즐거운 시간을 보낼recreate 때 창조할create 준비가 가장 잘 되니 말이다.

진정한 휴식을 취하기란 굉장히 어려운 일이다. 휴가를 내면 기회를 잃어버릴 거라고, 중요 업무에서 제외될지도 모른다고 걱정한다. 다른 이들은 열심히 일해서 계속 앞으로 나아가는데 그러지 못하니 말이다. 이 관점을 바꾸고 싶다면 포뮬러 원Formula 1 자동차 경주 대회를 생각해 보자. 경기 중 경주용 자동차는 트랙을 몇 번이나 휙휙 돈다. 하지만 완주하기 위해서는 차 정비와 급유를 위해 잠깐 멈추는 피트 스톱pit stop을 해야만 한다. 운전자가 "이런, 지금 멈추면 경쟁자들이 앞설 거야. 그러니까 피트 스톱은 하지 않을래"라고 말한다면 어떻게 될까? 타이어가 펑크 나거나 차에 연료가 떨어지는 등 위험한 상황이 불가피할 것이다. 이는 번아웃 공식과 같다. 흐름을 놓치거나 삶에서 제외될까 봐 두려워하는 포모FOMO; Fear of Missing Out 증후군에 굴복하면 분명히 번아웃에 빠지게 된다.

어떤 수준이든 회복을 위한 피트 스톱을 하지 않으면 탈진이나 탈선을 피하지 못하고, 그렇게 되면 다시 정상궤도에 오르는 게 어려워진다. 잘 만든 경주용 자동차라 해도 전속으로 무한정 달릴 수는 없다. 아무리 강하고 회복력이 좋다고 해도 휴식은 필요하다. 그리고 휴식 기간 동안 우리는 더 강해진다. 스트레스가 장점을 발휘하는 게 이때다. 회복하는 과정 중 우리의 안티프래질 장치가 가동해 우리가 더 나아지도록, 건강해지도록, 행복해지도록 도움을 준다.

리서치 결과에 따르면 보통 우리는 90분마다 일을 멈추고 회복해야 하며, 적어도 일주일에 하루는 쉬어야 하고, 1년에 2주 정도는 휴가를 가야 한다.[59] 하지만 정확히 얼마나 자주 쉬어야 하는지, 한 번에 얼마나 쉬어야 하는지는 미서치를 통해 알 수 있다. 각자 직접 자신에게 쉬는 시간이 얼마나 필요한지 시험해 보기 바란다. 한숨 돌리고, 휴식을 취하자!

≫ 싱글태스킹 ≪

싱글태스킹Single-Tasking은 용어에서 알 수 있듯이 한 번에 한 가지 일에만 전념하는 것이다. 해야 할 많은 일이 자기를 좀 봐 달라고 불러도 못 들은 척해야 한다. 스트레스를 줄이려면 멀티태스킹을 줄이고, 가능할 때마다 싱글태스킹에 집중하자. 어쩌면 이런 생각이 들 수도 있겠다. '탈, 전 많은

　　　　　　　　　　　　　　　　　몸의 안녕

일을 해내려고 멀티태스킹을 하는 거예요. 할 일 목록에서 항목을 하나라도 더 지워야 스트레스는 줄어들 테니까요.'

일의 진척 정도와 생산성이 전반적인 행복에는 분명히 기여할 것이다. 또한 피할 수 없는 멀티태스킹도 있다. 하지만 너무 많은 멀티태스킹은 스트레스를 가중하고 에너지를 고갈시킨다. 따라서 멀티태스킹을 하는 중이라도 싱글태스킹을 위한 시간을 확보한다면 – 한 번에 한 가지 활동에만 완전히 집중한다면 – 큰 도움이 될 것이다. 싱글태스킹은 몸을 편안하게 하고 집중력을 높이며, 계속할 힘을 준다.

싱글태스킹으로 무엇을 할지는 상관없다. 가족이나 친구, 동료에게 온전한 관심을 주는 것이든 다른 일은 하지 않고 이메일 답장에만 집중하는 것이든 음악에 흠뻑 빠진 채 춤을 추는 것이든 말이다. 나는 이 싱글태스킹 경험을 '제정신의 섬'이라고 부른다. 미친 듯이 바쁘고 복잡한 멀티태스킹 세상에서 제정신을 회복할 수 있는 시간을 마련해 주기 때문이다.

운동하지 않는 것은
우울해지는 약을 복용하는 것과 같다

많은 연구 결과가 신체 활동은 매우 중요하다는 단순한 결론을 가리킨다.[60] 운동의 중요성에 관해서는 다들 알고 있겠지만, 보통 바쁘고 스트레스를 받을 때 가장 먼저 뒷전으로 미루는 게 바로 운동이다.

나는 내가 가르치는 대학생들에게 언제 운동을 가장 하기 싫은지, 그 이유는 무엇인지 물었다. 거의 만장일치로 시험 기간이라는 답이 돌아왔다. 공부를 더 많이 해야 하니까 운동하는 데 시간을 쓸 수 없다는 게 이유였다. 반면 스트레스를 받을 때야말로 운동이 가장 필요하다는 게 나의 답이다. 운동은 불안을 다루는 데 매우 효과적이며, 심리적 스트레스로부터 회복하는 여러 방법 중 가장 효과가 크다.

규칙적으로 하는 운동은―일주일에 세 번 30분씩 짧게 하는 유산소 운동일지라도― 우울증을 깊게 앓는 사람에게는 가장 센 정신질환 약물을 복용하는 것과 같은 효과를 낸다.61 약한 정도로 장기간 지속되는 우울증인 기분변조 dysthymia를 앓는 이에게도 운동은 똑같이 도움 된다. 실제로 운동은 약물과 같은 방식으로 작용해서, 뇌로 하여금 기분을 나아지게 하는 화학물질인 노르에피네프린norepinephrine, 세로토닌serotonin, 도파민dopamine을 분비하게 만든다.62

신체 활동이 정신에 미치는 영향을 처음 알았을 때 나는 운동하는 게 항우울제antidepressant를 먹는 것과 같다고 생각했다. 하지만 계속 고민해 보니 이는 정확하게 들어맞는 결론이 아니라는 생각이 들었다. 운동하는 것이 항우울제를 복용하는 것과 같다기보다는 **운동을 안 하는 것이 우울해지는 약을 복용하는 행위와 같다**는 말이 더 맞는 듯하다. 이는 단어가 지닌 의미의 차이만 얘기하는 것은 아니다. 우리는 앉아서 지내는 생물로 창조되거나 진화하지 않았다. 우리는 아무런 신체적 활동도 하지 않고 종일 집에서 컴퓨터 앞에 앉아 있으면 안 된다. 우리는 움직이도록 설계됐고, 실제로 달리기 위해 태어났다. 점심을 얻으려고 사슴을 뒤쫓든 점심이 되지 않으려고 사자로부터 도망치든 말이다. 오늘날에는 근육을 거의 움직이지 않고도 장시간을 보내기가 너무나도 쉬워졌다. 스크린 위를 손가락으로 왔다 갔다 하는 걸 운동이라고 볼 수는 없다. 산소든 비타민이든 잠이든 운동이든 몸이 필요로 하는 것을 충족시켜 주지 않으면 큰 대가를 치러야 한다. 그리고 마음과 몸은 하나이기 때문에 신체적 욕구를 채워 주지 않으면 심리적으로도 불만이 생긴다.

우리는 모두 유전자와 초기 경험으로 결정된—둘 다 우리가 통제하지 못하는 부분이다— '괜찮은 상태의 기준선'을 갖고 있다. 운동을 안 하면 기준선은 점점 내려가고 신이 준 혹은 유전자로부터 결정된 우리 몸의 상태는 악화된다. 그래서 운동하지 않는 것은 우울제를 먹는 것이나 마찬가지다.

그럼 운동을 열심히만 한다면 항우울제는 필요 없는 걸까? 약품 수납장에 있는 알약을 다 버려도 될까? 그렇지 않다. 운동은 만병통치약이 아니다. 약물이 가장 좋은 해결책일 때도 있다. 그러나 동시에 신체 활동을 아주 효과적인 심리 치료로 봐야 한다고 강조하는 연구 결과도 있다.[63]

16세기 철학가이자 현대 과학의 아버지라 불리는 프랜시스 베이컨Francis Bacon은 이렇게 썼다. "자연이 복종하게 하려면 자연을 복종해야 한다." 여기서 자연nature을 본성이라고 보면, 우리의 본성은 규칙적으로 운동하는 것이다. 운동은 언제나 중요하지만 스트레스를 많이 받는 등 힘든 시기에 특히 더 중요하다.

으쌰으쌰!

운동은 헬스장에서 격렬하게 몸을 움직이고 땀을 흠뻑 흘리는 것만을 가리키지 않는다. 더 보편적으로는 몸을 움직이는 모든 행동이 우리의 안녕에 꼭 필요하다. 영국 케임브리지대학교에서 발표한 연구 결과에 따르면 사람은 더 자주 움직일수록 더 행복해지는 경향이 있다고 한다. 사무직 종사자여도 20~30분마다 잠깐 일어나 한 바퀴 돌고 온다면 미시적 회복을 얻을 수 있다. 많은 의사가 "앉아 있는 것은 새로운 흡연이다"라고 말할 정도다. 과장한 표현이라고 할 수도 있겠지만 아주 크게 과장한 것도 아니다. 긴 시간 앉아 있으면 건강에 해로운 것은 사실이다.[64] 앉은 채로 움직이지 않는 자세는 길어도 30분을 넘기지 않도록 하자. 계단을 오르거나 복도를 걷다 오거나 화장실을 가도 좋다. 어쨌든 움직이자. 몸을 움직이는 것은 몸과 마음의 건강에 중요하다.

그동안 운동하지 않았대도 죄책감을 느끼지 않길 바란다. 대신 그냥 나가서 운동하면 된다! 움직이는 것이 우리 본성임을 기억하자. 행복을 키우기란 그 자체로 어렵다. 본성과 싸우느라 행복해지는 일을 더 어렵게 만들지 말자.

그렇다면 꾸준한 운동이란 무엇일까? 권장량은 최소 '일주일에 세 번 30분간 유산소 운동'부터 가장 바람직하게는 '일주일에 다섯 번 45분간 운동'까지 다양하다. 고강도 인터벌 트레이닝HIIT; High-Intensity Interval Training을 한다면 더 짧은 시간 안에 비슷한 신체적, 심리적 혜택을 얻을 수 있다. 인터넷에 수천 개의 고강도 인터벌 트레이닝 프로그램이 올라와 있으니 하나를 골라 따라해 보자. 특히 나이가 들면 운동 루틴에 근력 운동을 추가해야 한다. 나의 경우 보통 일주일에 세 번 고강도 인터벌 트레이닝을 하고 중간중간 불규칙한 웨이트 트레이닝을 추가한다. 하지만 힘든 시기라면 일주일에 에어로빅 1회, 근육 강화 운동 2회도 추가한다. 내 몸에 운동이 필요하다고 느끼기 때문에 나는 의도적으로 더 자주 움직인다.

운동 습관에 빠르게 걷기를 넣어도 좋다. 단순히 사는 곳 주위를 걷는 행동이라고 해도 말이다. 트램펄린 위에서 뛰기를 더해도 된다. 내가 좋아하는 운동이다. 미니 트램펄린은 공간을 많이 차지하지도 않고 상대적으로 저렴하며 온라인에서 쉽게 구매할 수 있다. 집에 러닝머신이 있다면 먼지를 털고, 운동화 끈을 매고 올라가자. 아니면 밖에서 뛰거나 수영이나 농구를 해 보자. 인터넷에서 심장 강화 운동과 근육 강화 운동을 포함한 고강도 서킷 트레이닝HICT; High-Intensity Circuit Training 방법을 찾아보자. 어떤 방법이든 간에 스케줄러 몇 칸을 운동으로 채우자. 으쌰으쌰 하고 몸을 움직일 수 있게 말이다.

춤

춤은 실제로 행복을 증가시키는 가장 강력한 운동이다! 춤을 추며 침울하게 있기란 매우 어렵다. 좋아하는 노래에 맞추어 몸을 흔들면 어쩔 수 없이 미소를 짓게 된다. 안면 피드백 가설에 따라 이 미소는 마음을 기쁘게 만들고, 우리는 더 행복해진다. 춤출 때 우리의 자세 역시 기분에 영향을 준다. 집에서 아이들, 친구들과 댄스파티를 열거나 동반자와 함께 온라인 사교댄스 수업을 받거나 혼자서 줌바를 춰 보자. 어떤 식으로든 몸을 흔들어 보는 것이다. 부작용이 없는 약 같은 아니, 좋은 부작용이 많은 약 같은 효과를 낼 것이다.

아이들에게도 운동은 중요하다

운동은 모든 나이대의 사람에게 긍정적인 영향을 준다. 하버드대학교 의과대학 심리학자 존 레이터John Ratey는 규칙적으로 운동을 시키는 학교의 학생들이 더 행복하다는 연구 결과를 냈다. 이 학생들은 덜 폭력적이기도 했다. 일과에 운동을 넣은 것만으로도 신체적, 언어적 공격성은 60퍼센트 이상 감소했다. 운동하는 아이들은 학업 성취도가 높고 생산성, 창의력, 몰입도도 높았다. 운동은 그 자체로, 혹은 보조 치료법으로써 주의력 결핍 과잉 행동 장애ADHD; Attention Deficit Hyperactivity Disorder에도 도움이 된다.[65] 아이들이 어디서 주로 하루를 보내든 의무적으로 운동시키길 바란다.

⊛ 작품 읽기 : 피터르 브뤼헐의 「아이들의 유희」⊛

위대한 16세기 르네상스 예술가 중 한 명인 플랑드르 화가 피터르 브뤼헐 Pieter Bruegel은 「아이들의 유희Children's Games」라는 아름다운 유화를 남겼다. 벨기에 마을 사람들의 삶이 어땠는지 묘사하는 작품이다. 아이들이 밖에서 여기저기 뛰어다니고, 물구나무를 서고, 재주넘기를 하고, 목마를 타며 놀고 있다. 그림 전체가 움직임을 축복하는 것처럼 보인다. 이 그림을 보면 밖에서 한참을 놀았던, 이스라엘에서 보낸 어린 시절이 떠오른다. 많은 지중해 국가가 그렇듯 이스라엘에도 오후 두 시부터 네 시까지 낮잠 시간이 있다. 하지만 시계가 네 시를 가리키자마자 나와 친구들은 밖으로 달려 나가 숨바꼭질이나 공놀이나 술래잡기를 하며 저녁 식사 때까지 쉬지 않고 움직이며 놀았다. 오늘날 아이들의 생활은 매우 다르다. 손가락 운동은 많아졌을지 몰라도 몸 전체를 움직이는 활동은 크게 줄었다.

어떻게 하면 이 그림에서 배운 것을 적용해 우리 삶에 더 많은 움직임을 더할 수 있을까? 지금이야말로 아이들에게 움직이라고 북돋아 주고 우리 어른들도 어린 시절의 자유로웠던 정신을 되살려 루틴에 운동과 놀이를 더하기 좋을 때다. 내게 이 작품은 훨씬 기쁘게, 더 많이 움직이도록 하는 자극이다.

노화

신체 운동이 노화에 영향을 준다는 것은 명백한 사실이다. 신체 활동과 노화의 관계에 대한 메타분석 결과에 따르면 규칙적인 운동은 알츠하이머와 치매가 생길 확률을 52퍼센트나 감소시켜 준다.[66] 나이가 들어서 운동을 시작해도 적용되는 부분이다. 비슷한 정도라도 효과를 내는 약물은 없다. 이 연구 결과를 알게 되자마자 나는 어머니께 전화했다. "어머니, 제가 지금껏 운동하시라고 줄기차게 권유했죠? 이젠 권유하지 않을 거예요. **요구할 겁니다.**" 보통 나는 어머니께 절대 이런 식으로 말하지 않는다. 하지만 그때는 그럴 만한 이유가 있다. 외할머니와 어머니의 이모가 알츠하이머로 돌아가셨다. 불행히도 이 병에는 유전적 요인이 있다. 그래서 어머니에게 말했다. "운동하셔야 해요. 자식과 손주를 위해서라도요." 어머니는 이 충고를 마음에 새기고 운동을 시작했으며 코로나바이러스로 격리된 기간에도 성실하게 지속했다.

나이에 상관없이 운동을 시작하길 바란다. 운동량은 서서히 늘려나가는 게 좋다. 성급하게 서두르는 잘못보다는 너무 천천히 하는 잘못을 저지르는 게 낫다. 코치나 의사의 지시를 따를 수 있다면 가장 좋다. 자연스럽게 지속할 수 있을 테니 가능하면 좋아하는 운동으로 시작하자. 운동은 항상 필요하지만, 스트레스가 높은 시기에는 더욱 그렇다.

남들보다 오래 사는 사람들의 비결

『내셔널 지오그래픽National Geographic』의 저널리스트 댄 뷰트너Dan Buettner는 연구원들과 함께 장수하는 사람이 특히 많은 지역을 통칭하는 '블루존'을 조사했다.67 다른 지역에 비해 100세 이상인 인구가 5배에서 7배 많은 이 블루존에는 그리스의 작은 섬인 이카리아, 일본 오키나와, 미국 캘리포니아주의 로마 린다, 이탈리아 지중해 섬 사르데냐, 코스타리카의 니코야가 포함됐다. 뷰트너는 저서 『블루존』을 통해 삶에 적용할 수 있는 세계 최고의 건강 비법과 장수 실천 방법을 소개한다. 이 책에서 뷰트너는 "올바른 생활 방식을 취한다면 우리는 적어도 10년은 더 살 수 있으며 우리를 일찍 죽게 하는 질병은 덜 앓게 될 것이다"라고 결론을 맺는다. 뷰트너는 장수가 몸의 안녕뿐만 아니라 행복을 위한 마음의 안녕과도 연관되어 있다고 밝힌다.

블루존에 사는 사람들이 운동을 습관적으로 한다는 사실은 그리 놀랍지 않을 것이다. 그렇다고 이들이 피트니스 센터에 다니는 것은 아니다. 대부분은 집 근처에 피트니스 센터 자체가 없다. 대신 이들은 일상에서 운동한다. 산에 오를 때도 있고 가끔은 친구를 만나거나 장을 보기 위해 먼 길을 걷는다. 필요하다면 무거운 짐을 들고 옮긴다. 현대 사회에서는 욕구를 해결하는 일이 너무 쉬워졌다. 리모컨은 늘 곁에 있고 음식은 전화 한 통이면 해결된다. 휴대 전화를 들고 다니느라 손을 움직이는 정도로는 운동이 충분하지 않다.

블루존 거주자 사이에 공통된 식단은 없었지만 재밌게도 공통된 원칙은 있었다. 예를 들어 가공된 식품보다 자연 통식품을 택하고 과일, 채소, 견과류를 충분히 먹는 것이다. 아울러 음식의 질뿐 아니라 양도 중요하다고 한다. 블루존 사람들은 적당히 먹는다. 오키나와에서는 식사를 시작하기 전에 이렇게 말한다고 한다. "배가 80퍼센트 찰 때까지만 먹겠습니다." 반대로 우리 대부분은 배가 가득 찰 때까지 먹는다.

그러고도 더 먹을 때 역시 있다.

블루존을 통해 다른 스파이어 요소도 찾을 수 있었다. 예를 들어 이들은 삶의 의미(마음의 안녕)와 가족, 친구와의 깊은 우정(관계의 안녕)을 즐긴다. 동시에 뷰트너는 이 모든 것을 해야 하는 것은 아니며, 나아지기 위해 급격한 변화를 도입해야 하는 것도 아니라고 말한다. 스파이어 요소 중 어느 한 가지에 집중해 작은 변화를 일으키는 것만으로 삶 전체에 큰 차이가 생긴다. 예를 들어 먹는 양을 살짝 줄이거나 식단에 채소나 견과류를 평소보다 더하는 정도라면 이 변화를 장기적으로 지속할 수 있다. 뷰트너는 또한 **우리 자신을 불편하게 하는 작은 움직임의 가치**를 강조한다. 리모컨을 사용하는 대신 자리에서 일어나 채널을 바꾼다든가 엘리베이터 대신 계단을 이용한다든가 때로는 차를 타는 대신 걸어서 이동하는 등의 변화 말이다.

아무것도 하고 싶지 않은 날, 미루기 극복법

아침에 일어났는데 기운이 하나도 없다고 느껴질 때가 있다. 우리 모두 겪어 본 일이다. 학생 중 한 명은 내게 이렇게 말했다. "운동이든 요가든 명상이든 하고 싶은 건 다 할 수 있을 것만 같은 날이 있어요. 하지만 반대로 아무것도 못 할 것 같은 날도 있고요." 이 롤러코스터는 실제로 존재하며 특히 스트레스를 받는 기간에는 존재감을 더 드러낸다. 하루는 힘이 넘치다가 다음 날은 축 처진다. 물론 나도 방에 숨어 아무것도 하고 싶지 않은 날이 있다. 기분이 우울할 때는 특히 하향 나선을 피하기가 어려워진다. 기분이 좋지 않기 때문에 자꾸 이런 생각이 든다. '뭐 하러?' 그래서 운동을 그만두고 회복하기 위한 노력도 멈춘다. 그 결과 기분은 더 안 좋아지

몸의 안녕

고 상태는 점점 악화된다.

하향 나선일 때 보이는 흔한 증상은 미루기이다. 반드시 당장 해야 하는 일이 아니라면 나중으로 자꾸 미루게 된다. 그렇다면 미루기를 이기기 위해 전문가들이 추천하는 방법이 있을까?[68] 5분간 이륙five-minute takeoff이라는 방법을 활용해 보자. 자신과 이렇게 다짐하는 것이다. '지금은 이 일을 별로 하고 싶진 않지만 그래도 딱 5분만 해 볼 거야.' 예를 들어 5분간 걷거나 춤을 추거나 공놀이를 하면 십중팔구 다음 5분으로 이어지고, 행동을 계속 이어 나가게 된다. 5분간 이륙은 운동 외에도 적용할 수 있다. 글이 안 써지는 날에 나는 종종 이 방법을 쓴다. 일단 시작하면 몇 분 안에 작업 리듬을 타게 되고, 글쓰기에 두 시간 이상 집중할 수 있게 된다. 작업을 실제로 시작하는 과정에서 에너지를 얻게 되는 것이다.

자주 미루는 사람은 동기가 있어야 행동으로 이어진다고 믿는 실수를 저지른다. 다르게 말하자면, 무언가를 하기 위해서는 먼저 하고 싶은 마음이 들어야 한다는 것이다. 하지만 그렇지 않다. 미루지 않는 사람 혹은 덜 미루는 사람은 반대로 생각한다. 이들은 동기가 먼저가 아님을 알고 있다. 오히려 동기 이전에 행동이 먼저라고 여긴다. 일단 시작하면 신나게 추진해 나갈 마음 상태에 도달할 가능성이 커진다. 기운이 없다고 해도 말이다. 때로는 실제로 이룬 것처럼 행동할 필요도 있다. 사회 심리학자 에이미 커디Amy Cuddy는 이렇게 말했다. "특정한 사람이 될 때까지 그런 사람인 것처럼 행동하라."[69]

규칙적으로 일주일에 세 번 운동하면 가끔은 루틴을 어기더라도 전혀 운동하지 않을 때와 분명히 차이가 난다. 일과 중 30초 정도의 짧은 휴식만 해도 차이가 생긴다고 앞에서 얘기한 바 있다. 꾸준히 하면 정말로 변화가 일어난다. 핵심은 하나다. **작은 변화는 큰 차이를 만들어 낸다. 꾸준히 한다면 말이다.** 예를 들어 주말에 명상 휴가를 길게 다녀오는 것과 매일 5분씩 지속적으로 명상하는 것 중 하나를 선택해야 한다면 나는 후자를 택하겠다. 일주일에 한 번 30킬로미터를 달리는 것과 일주일에 세 번 10킬로미터씩 달리는 루틴이라면 더 짧게 자주 달리는 편을 택하겠다. 이유는? 변화를 꾸준히 삶에 적용하는 편이 가끔 갑자기 활동을 늘릴 때보다 훨씬 더 많이, 장기적으로 행복을 키우기 때문이다.

몸의 안녕

∽◦ 행복 공부하기 **몸의 안녕** ◦∽

행복 수준을 확인하기 위해 행복 공부의 3단계인 점수 매기기, 설명하기, 처방 내리기를 몸의 안녕에 초점을 맞춰 실행해 보자. 다음과 같이 질문하고 몸의 안녕을 어느 정도로 경험하는지 1부터 10 사이의 점수를 매긴다.

행복 수준 질문

☐ 활발하게 움직이고 행동하는가?

☐ 자신의 신체적 건강을 돌보는가?

☐ 휴식과 회복을 위해 시간을 내는가?

☐ 스트레스가 쌓일 때 푸는 방법이 있는가?

질문에 대한 답을 생각한 후 점수를 매겼다면 왜 이 점수를 줬는지 설명한다. 그런 다음에 우선은 1점 더 올릴 수 있는 방법 중 하나를 골라 처방을 내린다.

처방전

☐ 일주일에 세 번 짧게 운동하기

☐ 두 시간마다 30초간 깊게 호흡하기

☐ 매일 적어도 한 가지 일에 한 시간씩 집중하기

☐ 리모컨에서 배터리 빼기

자신에게 내린 처방을 잘 지키고 있는지 매주 확인한다.

intellectual
Wellbeing

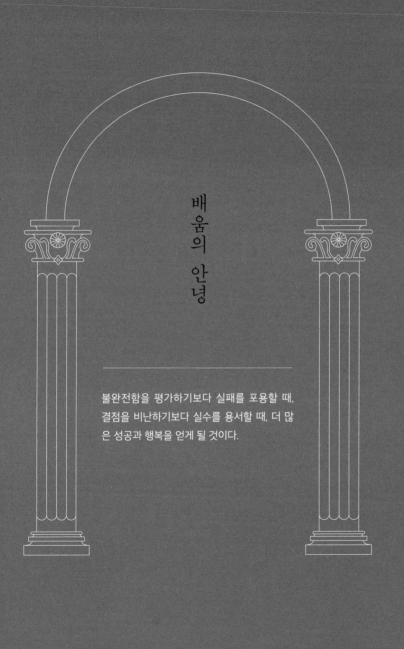

배움의 안녕

불완전함을 평가하기보다 실패를 포용할 때,
결점을 비난하기보다 실수를 용서할 때, 더 많
은 성공과 행복을 얻게 될 것이다.

당신이 할 수 있는 가장 큰 실수는
실수할까 봐 끊임없이 두려워하는 것이다.

– 엘버트 허바드Elbert Hubbard

현명한 그리스 철학가 아리스토텔레스는 인간을 이성적인 동물로 묘사함으로써 생각하고 추론하는 능력, 즉 지성이 우리를 정의한다고 보았다. 하지만 인간을 다른 종과 구별 짓는다는 이 결정적인 특성이 우리가 행복해지는 데도 도움이 될까? 행복해지려면 풀을 뜯는 소와 같이 별생각 없이 살면 된다고 말하는 이들이 있다. 소처럼 살면 걱정도 없을 것이고, 걱정이 없으면 하루하루 살아가는 게 행복하지 않겠느냐는 뜻이다. 생각은 종종 하향 나선을 통해 우리를 음울하고 어두운 곳으로 데리고 내려간다는 주장이다. 그러나 대부분의 사람이 동물처럼 산다면 ― 신체적 욕구 외에 다른 것은 거의 충족되지 않는 삶을 산다면 ― 장기적으로 훨씬 불행해질 것이다. 그렇다면 지적 능력을 어떻게 활용해야 우리의 행복이 줄어들지 않고, 오히려 더 행복해질 수 있을까?

배움의 안녕에는 여러 면이 있는데 이 장에서는 그중 세 가지를 살펴보려고 한다. 첫째, 배움의 안녕은 우리가 태어나면서부터 지닌, 꺾이지 않는 호기심과 더 배우고자 하는 욕망을 키우는 데 있다. 둘째, 배움의 안녕은 한 주제에 깊이 파고들어 쾌락을 얻고 동시에 생각을 날카롭게 만드는 데 가치를 둔다. 셋째, 배움의 안녕에는 실수를 저질러도 괜찮다는 열린 마음도 포함된다. 역설적이게도 실패를 받아들이는 법을 배울 때—실패는 두려워하거나 피해야 할 대상이 아니라 필요한 경험이라고 인식할 때—우리는 새로운 정상에 다다를 준비가 된다.

호기심은 본능이다

우리는 선천적으로 주변과 자신의 세상에 관한 호기심을 갖고 태어난다. 하지만 나이가 들면서 이 본능은 억눌릴 때가 많다. 대부분 부모나 선생님처럼 선의로 우리를 교육하는 존재에 의해서다. 심리학자 미하이 칙센트미하이는 이렇게 주장했다.

부모도 학교도, 아이들이 올바른 대상에서 즐거움을 찾도록 효율적으로 가르치지 못한다. 어른들은 어리석은 사례에 심취한 탓에 혼란에 빠져 아이들을 속이는 데 가담한다. 어른들은 진지한 일은 지루하고 힘들어 보이게, 경박한 일은 흥미롭고 쉬워 보이게 만든다. 학교는 대체로 과학과 수학이 얼마나 흥미롭고 넋을 잃게 할 만큼 아름다운지 가르쳐 주지 못한다. 학교에서는 문학이나 역사의 흥미진진한 면 대신 단조로운 면을 가르친다.[70]

성적과 상장, 획일화된 시험과 경쟁 같은 외적인 성공에 집중된 기준 때문에 우리 안에 내재한 배움에 대한 열정과 사랑이 해를 입고 있다. 아이들이 질문하고 배우며 느끼는 열정과 흥분은 종종 학업을 둘러싼 지루함과 지겨움에 자리를 빼앗긴다. 이러한 학습 방식 때문에 배움의 안녕이 부족해진다는 사실은 굳이 말할 필요가 없다. 교육학자 닐 포스트맨 Neil Postman에 따르면 "아이들은 물음표로 입학해서 마침표로 졸업한다." 배움, 그리고 종종 삶 전체에 대한 이러한 접근 방식은 성장 후에도 영향을 끼쳐 우리는 직장이나 가정에서 결코 새로운 것을 배우려 하지 않는다. 비극적이게도, 우리는 삶을 최대한 활용하지 못하며 재미도, 영감도 주지 못하는 이 태도를 다음 세대에 물려준다.

다행히 호기심을 완전히 없애기는 매우 어렵다. 오히려 호기심은 깨어날 순간을 간절히 기다리며 잠들어 있다고 봐야 한다. 배우고자 하는 욕망은 때로 작은 불꽃으로 줄어들 수 있고, 삶에 열정을 가지게 할 만큼 강력하지 않을 수 있다. 그러나 이 불꽃에는 여전히 큰 불길을 일으킬 잠재력이 있다. 알베르트 아인슈타인의 결정적인 특징 중 하나는 배움에 대한 열정이었는데 그는 이렇게 썼다. "사실 현대식 교육 방법이 아직 탐구를 향한 신성한 호기심을 완전히 없애지 않은 것은 기적이나 다름없다." 우리는 이 기적을 당연하게 여겨서는 안 된다. 지금까지 그래왔듯 지내서는 안 된다. 그 대신, 호기심의 불꽃을 다시 일으키고 배움에 대한 열정에 불을 붙이기 위해 최선을 다해야 한다.

어떻게 해야 호기심 많던 원래의 상태로 돌아갈 수 있을까? 가장 강력한 장벽은 아마도 우리에게 질문하고 배우고 성장하려는 욕망은 다 사라졌거나 애초에 없었다는 잘못된 믿음일 것이다. 생각이 씨가 되는 것처럼, 이 믿음은 흥미나 열정을 발견하려는 시도 자체를 좌절시킨다. 찾으려 하지 않으면 발견하지도 못하는 건 당연하다.

배움에 대한 사랑을 다시 불러일으키기 위한 첫 번째 단계는 믿음, 그러니까 우리가 꺾이지 않는 호기심을 갖고 태어났다는 믿음을 되찾는 일이다. "나는 배우는 게 싫어"라고 딱 잘라 말하는 것은 "나는 먹는 게 싫어"라는 선언과 비슷하다. 정어리나 오이를 좋아하지 않을 수는 있어도 특정한 음식을 먹는 데는 즐거움을 느낄 수 있다. 마찬가지로 미적분학이나 고대 언어 공부를 좋아하지 않을 수는 있어도 우리의 본성은 우리가 배움으로부터 즐거움을 얻도록 설계되어 있다. 음식과 물이 신체적 본성을 만족시키듯 질문하고 새로운 것을 발견하는 행위는 우리의 탐구 본성을 만족시킨다. 우리가 음식을 원하게 되는 이유는 생존하고 자라는 데 영양분이 꼭 필요하기 때문이다. 마찬가지로 배움과 성장 역시 우리가 생존하고 자라는 데 꼭 필요하므로, 이를 원할 수밖에 없다. 우리에게 호기심이 없었다면, 아기였을 때 아기 침대에서 과감히 내려와 기거나 걷거나 붙잡거나 껴안기를 배우지 않았을 것이다.[71]

배움에 다시 사랑의 불을 붙이고 싶다면 우리가 해야 할 질문은 '배우는 것을 좋아하는지'가 아니라 '무엇을 어떻게 배우길 좋아하는가'이다. 숫자와 기호의 세계 탐구에 이끌리는 사람이 있을 테고 예술과 음악에 관심을 두는 사람도 있다. 인류의 기원과 진화에 자극받는 사람도 있고 모든 존재의 의미와 목적에 관해 질문하며 밤새 깨어 있는 사람도 존재한다. 인간의 심리에 흥미를 느끼는 사람도, 동물의 생리에 매력을 느끼는 사람도 있다. 다행히 우리가 사는 세계는 매우 풍부하고 다면적이어서 참여하고 학습할 대상은 무궁무진하다.

배우려는 열정을 되살릴 수 있는 또 하나의 방법은 이룰 때까지 이미 이룬 척하는 것이다. 코넬대학교 심리학 교수 대릴 벰Daryl Bem은 연구 결과, 우리가 스스로 대하는 태도와 타인을 대하는 태도를 어떻게 관찰하고, 같은 방식으로 형성하는지 증명했다.[72] 한 남성이 다른 이를 돕는 모습을 보면, 우리는 그가 친절하다고 결론짓는다. 한 여성이 자신의 신념을 꿋꿋하게 주장하면, 우리는 그가 용기 있다고 판단한다. 마찬가지로 우리는 자기 행동을 관찰함으로써 자신에 대한 결론을 낸다. 일부러 친절하게 혹은 용감하게 행동하면 스스로를 대하는 태도가 바뀌고, 자신이 더 친절하고 용감해졌다고 판단한다. 벰 교수가 자기 지각 이론Self-Perception Theory이라고 부르는 이 구조를 통해, 행동을 바꾸면 시간이 지남에 따라 태도도 바뀐다. 그리고 우리는 행동을 바꿈으로써 삶에 대한 태도 중 하나인 호기심 역시 높일 수 있다. 우리가 무엇을 좋아하는지 잘 살피면 실제로 호기심도 늘어난다.

따라서 배움에 대한 사랑을 잃었다면 그 감정이 다시 살아날 때까지 '배움을 좋아하는 척'하자. 친구나 동료에게 그들의 전문 영역에 관해 질문하고, 지식이 거의 없는 분야를 다루는 글을 읽거나 강의를 들어 보자. 익숙한 주제를 좀 더 깊이 파고드는 방법도 있다. 호기심 불꽃은 이미 우리 안에 있으므로 배움에 대한 열정이 다시 불붙어 오르기까지는 오래 걸리지 않을 것이다.

취향은 만들 수 있다. 한 가지 비유를 들어 보겠다. 아기와 어른에게 특정 음식에 대한 취향이 어떻게 생기는지 보여 주는 연구가 많다.[73] 예를 들어 두 살 아이는 처음에 오이를 거부하고 싫어할 수 있다. 하지만 열 번 넘게 맛보여 주면 오이를 좋아하기 시작할 것이다. 한 번도 오이를 먹어 보지 않은 중년 남성 역시 처음에는 맛이 이상하다고 느낄 수 있다. 하지만 몇십 번 먹다 보면—중년의 뇌는 유아의 뇌에 비해 적응성이 낮으므로 더 많이 시도해야 한다— 오이에 익숙해진다. 이렇게 여러 번 맛과 질감의 범위를 다양화하며 미각을 확장할 수 있다. 마찬가지로, 우리는 새로운 아이디어에 도전해 보고, 여러 가지를 경험함으로써 더 큰 호기심으로 열린 자세를 취할 수 있다. 즉, 탐험의 범위를 확장하고 다양화할 수 있다. 맛봉오리가 확장하듯 우리의 정신 역시 확장한다. 랠프 월도 에머슨은 "새로운 생각으로 한번 확장된 정신은 원래의 상태로 절대 돌아가지 않을 것이다"라고 썼다. 정신이 확장되면 다양한 이익을 얻을 수 있다. 근본적으로 안티프래질이 더 높아지며 어려운 상황에서 시련으로부터 배우고 문제를 극복하는 능력도 커진다. 이전 장에서 살핀 마음과 몸의 연관성을 고려해 보면, 호기심이 커지면 마음뿐 아니라 몸 역시 이득을 얻을 수 있다.

성평등과 인종 평등을 위해 인종 차별 정책에 맞서 용감하게 싸운 20세기 미국 작가 릴리언 스미스Lillian Smith는 이렇게 썼다. "배움을 멈추면, 경청을 멈추면, 관찰과 질문을 멈추면, 늘 새롭게 질문하는 것을 멈추면, 그러면 죽을 때가된 것이다." 스미스는 지속적인 호기심과 평생 이어 나가는 학습을 지지했다. 호기심이 없다고 사형 선고까지 내리는 것은 좀 가혹하지 않을까? 물론 가혹하다고 볼 수도 있다. 게

다가 스미스는 소설가이기 때문에 이런 극적인 표현을 사용한 걸지도 모른다. 하지만 이는 일부 사실이기도 하다. 건강 연구원인 게리 스완Gary Swan과 도릿 카르멜리Dorit Carmelli는 호기심과 수명 간의 관계를 증명했다.[74] 다른 조건은 통제한 이 연구에서 호기심이 많은 노년층은 그렇지 않은 노년층에 비해 더 오래 살았다는 결과가 나타났다. 호기심이 고양이를 죽일지는 몰라도(*역자 주: 호기심이 지나치면 해롭다는 뜻의 미국 속담) 인간의 생명은 연장해 주는 모양이다.

자신에게 하는 질문

호기심의 렌즈를 우리 자신에게 비출 수도 있다. 서양의 지적 전통의 아버지라 불리는 고대 그리스의 철학자 소크라테스는 직접적으로 가르치고 답을 제공하는 대신 탐구하고 질문함으로써 학생들의 통찰력과 이해를 이끌어 냈다. 이러한 교육적 접근법을 소크라테스의 문답법이라고 한다. 동양의 지적 전통의 아버지라 불리는 공자도 질문을 자기 철학의 중심에 두었다. 공자가 말했다고 혹은 적어도 그의 철학에서 영감을 얻었다고 알려진 중국 속담이 있다. "질문하는 이는

5분간 바보가 된다. 하지만 질문하지 않는 이는 영원히 바보로 남는다."

질문은 자연스러운 행동이다. 질문하면서 우리는 배우고 성장한다. 특히 어려움과 고난에 직면했을 때 우리는 문제가 있는 부분에 집중하게 되는 경향이 있다. 이는 잔에 물이 채워져 있는 부분이 아닌 비어 있는 부분에 관해 묻는 것과 마찬가지여서 큰 도움이 되지 않는다. 예를 들어, 힘든 시기를 겪고 있을 때 스스로 혹은 남들로부터 듣게 되는 질문은 보통 이런 것이다. "인생에서 무엇이 잘 안 풀려서 이렇게 힘든 걸까?", "왜 불안할까?" 만약 배우자와의 관계 문제로 힘들어하고 있다면 우리는(그리고 우리를 도우려는 이들은) 이렇게 묻는다. "두 사람의 관계가 삐그덕대는 이유는 뭐야?", "무슨 이유로 자꾸 싸우는 거야?" 어느 회사가 목표에 도달하지 못한다면 경영진이나 외부 컨설턴트가 대개 하는 질문은 이렇다. "조직의 약점은 무엇인가?", "조직의 성장을 가로막는 장애는 무엇인가?"

전부 타당하고 중요한 질문이다. 하지만 문제에 집중하는 것만으로는 충분하지 않다는 증거는 많다. 개인적으로든 다른 사람과의 관계에서든 조직적으로든 잠재력을 발휘하고 싶다면 우리는 부족한 공간을 넘어 이미 채워진 부분을 살펴야 한다. 긍정적 탐구Appreciative Inquiry 이론의 공동창시자인 데이비드 쿠퍼라이더David Cooperrider는 이렇게 말했다. "우리는 우리가 하는 질문이 창조하는 세상에 살고 있다." 자신과 다른 사람들에게 가능한 한 최고의 세상을 만들기 위해서는 긍정적인 질문을 해야 한다. "긍정적인 질문을 하면 할수록 더 지속적이고 성공적인 변화를 이끌어 낼 수 있다."[75]

긍정적인 변화가 일어날 가능성을 높이기 위해서는 질문의 초점을 뒤집어야 한다. 힘든 시기를 겪고 있다고 해도 이렇게 질문해 보자. "내 인생에서 **잘 되어 가는 요소**는 뭘까?", "날 **평온하게 만들 수 있는 것**은 무엇일까?", "동반자와의 관계에서 **잘 유지되는 부분과 함께 성장할 수 있는 부분**을 찾을 수 있을까?", "조직의 **강점과 경쟁 우위**는 무엇일까?"

개인의 삶이든 동반자와의 관계이든 조직 문제든, 잘 되어 가는 부분에 주목했다면 나아가 다음 질문을 해 볼 수 있다. "잘하고 있고, 문제없이 굴러가는 부분에서 무엇을 배울 수 있으며, 배울 점을 문제에 어떻게 적용할 수 있을까?"

질문은 특정 영역을 비추고 우리의 주의를 끄는 손전등과도 같다. 빛의 원을 벗어난 모든 것은 어둠 속에 남게 된다. 너무 제한된 질문을 한다면, 많은 시간과 노력을 할애한다고 해도 우리가 찾는 답을 구하지 못할 수 있다. 결정을 내리려면 우리 앞에 놓인 여러 가능성을 고민해야 한다. 하지만 아직 보지 않은 가능성에 관해서는 심사숙고할 수 없다. 선택의 폭을 넓히는 첫 번째 방법은 우선 맞는 질문을 하는 것이다.

❀ 어려운 시기를 헤쳐 나가기 위한 새로운 질문들 ❀

다음은 나를 비롯한 여러 사람이 어려운 상황을 헤쳐 나가거나 올바른 목표를 향하는 데 도움이 되었던 질문 목록이다. 이 목록은 완전하지 않으며 사람과 상황에 따라 더 알맞은 질문이 존재한다. 대답 기술과 마찬가지로 질문 기술도 갈고닦는 데 많은 시간과 노력이 필요하다. 여러 시도를 하면서 - 다양한 질문을 하고 또 하는 과정에서 - 질문을 더 잘하게 되면 우리 앞에 새로운 길이 열릴 것이다. 다음은 우리의 호기심을 키우고 시야를 넓히며 완전한 존재의 안녕에 기여할 수 있는 질문 중 단지 몇 가지일 뿐이다.

1. 내가 가장 행복한 순간은 언제인가?

2. 어떻게 하면 더 행복해질 수 있을까?

3. 나는 어디에서 삶의 의미를 경험하는가?

4. 어떻게 하면 더 많은 의미를 찾을 수 있을까?

5. 나는 어떤 긍정적인 습관을 지니고 있는가?

6. 어떻게 하면 긍정적인 습관을 더 많이 만들 수 있을까?

7. 나는 무엇에 관해 배우는 것을 좋아하는가?

8. 어떻게 하면 내 호기심을 더 만족시킬 수 있을까?

9. 관계의 어느 부분이 잘 유지되고 있는가?

10. 관계를 개선하기 위해 난 무엇을 할 수 있을까?

11. 내가 가장 큰 기쁨을 느낄 때는 언제인가?

12. 어떻게 하면 더 많은 기쁨을 느낄 수 있을까?

빨리, 넓게 대신 천천히 읽고
더 깊이 배우기

내가 대학교에 입학했을 때 처음 수강한 과목은 속독이었다. 새학기가 시작하기 전, 엄청난 양의 과제에 대비시키려는 게 목적이었다. 수업은 훌륭했고 덕분에 나는 매주 수백 장에 달하는 분량의 과제를 소화할 수 있었다. 수업을 듣지 않았더라면 가능하지 못했을 일이다. 이 수업은 나의 학부 시절 내내―대학원 시절에도― 도움이 되었고, 지금도 매일 쏟아지는 프로 농구 기사와 계속해서 변하는 정치 지형을 따라갈 수 있게 돕는다. 그러나 하버드대학교가 제공해야 할 훨씬 더 중요한 수업이 있다. 나는 모든 대학교와 일터에서 이 수업을 가르쳐야 한다고 생각한다. 바로 슬로리딩slow-reading이라고도 하는 '천천히 읽기'이다. 다르게 말하자면 심화 학습

deep learning이다.

나는 지도교수인 철학가 로버트 노직Robert Nozick으로부터 천천히 읽는 법을 배울 수 있었다. 그는 매주 내게 짧은 발췌문을 주고는 그 내용에 관해 써 보라고 했다. 그리고 써간 글 중에서 한 단락을 골라 한 시간 동안 아주 작은 조각으로 쪼갰다. 이 훈련으로 문장마다 얼마나 많은 의미가 겹쳐 있는지 확인할 수 있었고, 내게 놀라운 영향을 미쳤다. 나는 천천히 읽고 깊이 생각하는 법을 배웠다.

텍스트, 더 나아가 예술 작품이나 자연에 깊게 빠져들 때 생기는 이점은 무엇일까? 우리는 왜 글 한 단락을 읽고 또 읽으며, 아름다운 그림을 유심히 바라보고, 창밖의 나무를 살피며 시간을 보내야 할까? 시간 낭비 아닐까? 바깥세상엔 우수한 자료가 너무나도 많고 우리에게 주어진 시간은 무척이나 짧은 만큼 가능한 한 많은 자료를 빠르게 살펴야 하지 않을까?

가능한 한 많은 자료를 훑고 모든 체크 박스에 완료 표시를 하는 것이 주된 관심사라면 깊게 파고들기보다 넓게 알기가 방법이겠다. 하지만 행복을 키우고 완전한 존재가 되는 것이 주된 관심사라면 한 가지에 깊게 파고드는 데 시간을 할애해야 한다.

무엇보다 심화 학습은 대단히 큰 기쁨과 만족감을 준다. 고등학생 시절 나는 학교 과제로 표도르 도스토옙스키Fyodor Dostoevski의 『죄와 벌』을 읽어야 했다. 나는 소설을 읽기는 했지만 즐기지는 못했다. 게다가 시험을 잘 보려면 꼭 알아야 할 내용이 담긴 요약본까지 읽어 버렸다(영어 선생님께는 비밀이다). 하지만 지금은 완독해야 하는 기한이 없으니, 이 작품을 비로소 즐기게 되었다. 나는 작가의 명석한 두뇌를 살피고, 19세기 상트페테르부르크를 방문하는 즐거움을 느끼며, 도덕적 의리를 지키려는 본성에 관해 숙고한다. 서둘러서 읽어야 할 이유는 없다. 배우고, 성장하고, 음미하고, 감상할 시간은 충분하다. 비슷한 시기에 미국 사상가 헨리 데이비드 소로Henry David Thoreau가 쓴 글이 떠오른다. "인생은 서두르기에는 너무 짧다."

심화 학습할 때의 두 번째 이익은 삶의 다른 분야에도 성공이 이어진다는 것이다. 내 유럽 조상들은 성공한 사업가였다. 그렇다고 그들이 경영대학원에 다닌 것은 아니다. 사실

대학교를 나오지도 않았고 대부분은 고등학교도 다니지 않았다. 어렸을 때 나는 할아버지께 그 비법을 물었다. 할아버지는 그들이 정규 교육을 많이 받진 않았지만, 학자임에는 틀림없다고 했다. 내 조상들은 혼자서든 랍비, 가족, 친구와 함께든 매일 히브리서와 탈무드를 공부했다. 그들은 한 구절을 몇 시간 동안 분석했고 스스로 번역한 글을 두고 활발한 토론을 펼쳤다. 한 문장 혹은 한 단어의 의도와 의미에 관해 며칠을 얘기할 때도 있었다.

이러한 심화 학습으로 이 학자들은 신학적인 면에서만 똑똑해진 것이 아니라 세상 물정에도 능통해졌다. 물질적인 세계와 영적인 세계는 멀리 떨어진 듯 보이나 그렇지 않다. 성경 텍스트를 연구하고 이해하는 능력은 사업 모델을 파악하거나 계약서를 검토하거나 잠재 고객을 평가하는 능력으로 거의 즉시 전환된다. 아울러 심화 학습이 이루어지는 공간에는 긍정적이고 즐거운 에너지가 거의 늘 존재한다. 지적 능력을 완전히 발휘함으로써 우리는 더 똑똑해지고 행복해진다.

심화 학습은 우리의 관계에도 긍정적인 영향을 미친다.

믿기 어려울지 모르겠지만 텍스트를 이해하고 그 복잡성을 알아보는 능력은 연인, 친구, 동료, 자식과 더 가까운 관계를 맺을 수 있게 한다. 우리가 텍스트를 읽는 방식이 다른 이들과 상호작용하는 방식에 어떻게 영향을 준다는 말일까? 우리에게는 여러 영역에서 기능하는 하나의 뇌, 하나의 신경계가 있다. 우리가 한 영역을 학습하며 신경 연결을 강화할수록 삶의 다른 영역에서도 그 연결에 의존하게 된다. 오늘날 사람들이 한 웹페이지에 머무는 평균 시간은 7초다. 우리는 페이지를 휙휙 넘기며 그사이에 얻을 수 있는 정보를 대충 수집한 후 다음 페이지로 넘어간다. 과정에서 우리는 계속해서 새로운 자극과 참신한 정보를 원하게 된다. 이러한 행동은 집중 가능한 시간을 줄이고, 지루함을 유발하며, 관계와 같은 다른 영역에서도 지속적으로 새로움을 원하게 한다. 다시 말해, 피상적인 해석 이상으로 텍스트를 깊이 이해하지 못하면 마찬가지로 다른 사람도 진정으로 알지 못하게 된다. 결과는 허울뿐인 관계와 피할 수 없는 지루함으로 이어진다.

반면 풍성한 내용이 담긴 텍스트에 시간을 투자해 자세히 읽고 더 깊은 관계를 맺으면, 작품의 뉘앙스와 매력을 끊임없이 찾아낼 수 있고 점점 더 깊은 수준으로 텍스트를 이해하게 된다. '지식 근육'을 한번 훈련해 두면 다른 사람들과 관계를 맺는 데에도 적용할 수 있다. 사람들과 깊게 사귀는 데 훨씬 더 능숙해진다는 뜻이다.

타인만큼 다면적이고 풍부하며 잠재적으로 흥미로운 텍스트는 없다. 한 사람은 말 그대로 온전한 하나의 세계이다. 누구에게나 항상 배울 만한 새로운 점이 있다는 사실을 깨닫게 될 것이다. 하지만 이를 깨달으려면 연습을 해야 한다. 뇌가 작동하는 방식을 참고할 때, 오늘날 사회 전반에서 많은 이가 관계를 제대로 맺지 못하는 건 부분적으로는 이 심화 학습 근육을 훈련시키길 꺼린 결과라고 말할 수 있겠다.

오늘날 우리가 이토록 많은 콘텐츠에 빠르게 접근할 수 있다는 사실은—작은 스마트폰을 손가락 끝으로 건드리면 언제든 기사, 게시물, 팟캐스트, 동영상 강의, 노래, 영화 등이 쏟아져 나온다는 사실은— 심층 학습에 도움이 되지 않는다. 프랑스 철학자 볼테르Voltaire는 이렇게 썼다. "수많은 책이 우리를 무식하게 만든다." 참고로 볼테르는 18세기 사람이다.

현대 사회에서는 정보가 숨 막힐 정도로 빠른 속도로 생산되고 전파된다. 에릭 슈밋Eric Schmidt은 구글의 최고경영자였던 2010년에, 현재 인간은 문명의 시작부터 2003년까지 생산된 정보보다 더 많은 양의 정보를 이틀에 한 번꼴로 생산한다고 말했다. 우리는 볼테르가 살아 있을 당시 한 사람이 평생 접하던 정보보다 더 많은 정보를 매일 얻는다. 이 차이에도 불구하고 볼테르는 선견지명이 있었다. 그는 한 사람에게 너무나도 많은 선택지와 주의를 산만하게 하는 것들이 주어지면 한 가지 일에 집중하거나 전념하지 못하며, 정작 중요한 일에 깊게 파고들거나 제대로 배울 수 없게 되는 현상을 언급한 것이다.

선택지가 많으면 무엇에 집중할지 결정하기가 어려워진다. 옛 격언은 틀리지 않았다. 양보다는 질이 중요하다. 인터넷 서핑에서 헤어날 수 없다면 제한을 두어야 한다. 특정한 시간 동안만 하거나 혹은 특정한 수의 글만 읽겠다고 정하고 끝내는 것이다. 구독 중인 모든 팟캐스트 방송을 들을 수 없다면 한 가지 팟캐스트에 집중해도 좋다. **중요한 것은 선별하는 능력, 그리고 무언가를 놓칠까 봐 두려운 마음에 사로잡**

히지 않는 자세이다. 배움은 양이 적을수록 오히려 나을 때가
있다.

초심자의 마음 beginner's mind

배움의 안녕을 키우고 싶다면 휴대 전화는 내려놓고(무의미
한 스크롤 내리기는 그만!) 책을 한 권 집어 보자. 이왕이면 마음
을 단단히 먹어야 읽을 수 있는 책에 장기간 투자하기를 권
한다. 영문학 교수인 마저리 가버Marjorie Garber는 셰익스피어
전문가로, 수십 년간 셰익스피어의 작품을 읽고 학생들에게
가르치고 있다. 그런데도 가버는 작품을 읽을 때마다 완전
히 이해하지 못했거나 내면화하지 못한 부분을 발견한다고
말한다. 위대한 문학 작품이 우리에게 제공하는 가치란 바
로 이런 것이다. 그래서 나는 다음과 같은 프로젝트를 제안
한다.

늘 도전하고 싶었지만 끝내지 못한 고전을 하나 골라ㅡ
이미 당신 책장에 꽂혀 있을지도 모른다ㅡ 읽는다. 완독 후
재독한다. 다시 더 깊게 정독한다. 개인적으로 나는 노자
의 『도덕경』, 메리 앤 에번스Mary Ann Evans(조지 엘리엇George

Eliot)의 『미들마치』, 아리스토텔레스의 『니코마코스 윤리학』을 셀 수 없을 정도로 많이 읽었다. 이 작품들은 읽을 때마다 내 삶에 지대한 영향을 미친다. 그리고 나는 이 책들의 내용과 세상과 자신을 조금 더 이해하고 감상하게 된다. 시대를 초월한 텍스트는 힘든 시기를 겪을 때 특히 우리를 안정시키는 닻이 된다.

호기심과 심화 학습은 나란히 우리기 배움의 안녕을 기르고, 나아가 우리가 완전한 존재가 되도록 돕는다. 선택한 책과 관계를 맺고 되풀이할 때 마치 처음 읽는 듯한 자세로 대하자. 이 마음가짐을 '초심자의 마음'이라고 한다. 이는 능동적인 마음 챙김의 한 형태로 종종 명상과 연관된다. 초심자의 마음의 근본적 특성은 호기심이다. 마음 챙김의 대가 스즈키 순류鈴木俊隆는 이렇게 썼다. "초심자의 마음에는 가능성이 많다. 하지만 전문가의 마음에는 가능성이 거의 없다."76

내 멘토 중 한 명인 심리학자 엘렌 랭어Ellen Langer는 수년간 호기심의 상태에 들어서는 방법을 연구했고, "새로운 특성을 이끌어 내야 한다"고 촉구한다. 즉, 예전에는 보지 못한 새로운 것을 알아차리고, 익숙하다고 여기며 관심 주지 않았던 것을 세세하게 관찰하라고 한다.[77] 랭어의 연구에 따르면 이 상태를 유지함으로써 행복과 건강을 증진하고, 자존감과 동기를 끌어올리며, 기억력, 학습력, 창의력을 향상할 수 있다. 이렇게 지적으로 열려 있고 유연한 상태가 장벽을 극복하고 고난에서 성장할 수 있는 가장 좋은 준비 자세이다.

물론 학습은 독서 외의 방식으로도 이루어진다. 산책하며 주변에 무엇이 있는지 세세히 관찰하거나 자연의 아름다움을 받아들이는 것도 학습의 방법이다. 몸을 새로운 방식으로 움직이는 것도 학습에 포함된다. 예를 들어 코로나 격리 기간에 나는 춤을 많이 췄다. 누군가에게 보여 줄 만한 것은 결코 아니지만, 춤을 배우며 신체적 근육과 더불어 인지적 근육이 강해졌고, 이는 내 배움의 안녕에 기여했다(춤추는 나를 보며 많이 웃은 자녀들의 몸과 마음에도 기여했다. 아이들은 나와 함께 웃는 것이 아니라 나를 보며 웃는 것 같았지만). 공부하기 위해 어떤 매체를 선택하든—책, 예술 작품, 춤, 자연, 혹은 다른 어떤 것—배움의 안녕의 가장 중요한 요소는 깊이 관여할 수 있는 능력이다.

실패하는 것을 배우고
배우는 것을 실패하기

배움의 안녕을 키우며 두 가지 문제 상황을 더 겪길 바란다. 하나는 더 실패하는 것이다. 나는 당신이 충분히 실패하지 않았다고 진심으로 생각한다. 다른 하나는 실패를 받아들이는 것이다. 성공하고 행복해지기 위해 실패가 중요하다는 사실을 인정하는 사람은 거의 없다.

아이를 너무나도 사랑해서 아이가 조금이라도 다치지 않길 바라는 부모가 있다고 가정해 보자. 이 부모는 아이가 절대로 넘어지지 않도록 온 힘을 다한다. 아이가 일어나 앞으로 한 발짝 가려고 할 때마다 부모는 바로 아이를 안아 올린다. 아이가 넘어져 다치거나 울지도 모르니까 말이다. 아이가 넘어지는 위험을 막아서 치르는 대가는? 아이는 절대로 걷는 법을 배울 수 없다.

어린아이들은 실패를 두려워하지 않는다. 아이들에게 실패는 살면서 겪는 자연스러운 부분이다. 따라서 아이들은 넘어져도 바로 일어나고, 아무렇게나 낙서하며 이름 쓰는 법을 배우고, 바닥을(그리고 얼굴을) 엉망으로 만들며 식사 도구 사용법을 배운다. 그러나 성장하며 자의식이 강해지면, 시도하고 또 시도하는 대신 실패를 피하고 완벽한 모습을 유지하는 데 에너지를 집중한다.

실패는 배우고 성장하기 위해 꼭 필요하다. 캘리포니아대학교 데이비스 캠퍼스의 심리학자 딘 사이먼턴Dean Simonton은 모차르트, 셰익스피어, 아인슈타인, 마리 퀴리 등 역사상 가장 위대한 예술가와 과학자를 조사했다. 사이먼턴은 이 선구자들 모두에게 해당하는 한 가지 공통점을 발견했는데, 바로 그들이 다른 대부분의 사람보다 더 많이 실패했다는 점이다.[78]

역사상 가장 창의적이고 생산적인 발명가 중 한 명으로 꼽히는 토머스 에디슨은 전구, 녹음 시스템, 배터리를 포함해 무려 1,093개의 발명품에 특허를 냈다. 에디슨이 자신의 배터리를 이용해서 전기를 생산하는 실험 중일 때 어느 기자가 진척 정도를 물었다. 기자는 에디슨에게 오랜 시간 이 일에 매달렸고, 만 번이나 실패했으니 다른 발명으로 눈을 돌리는 게 어떻겠느냐고 제안했다. 그 말에 에디슨은 이렇게 답했다. "난 실패한 게 아닙니다. 단지 안 되는 방법을 만 개 찾은 거지요."

에디슨은 이런 말도 했다. "나는 성공하려고 실패했다." 그렇다. 에디슨은 선각자들의 명예의 전당에 오를 자격이 충분하다. 또한 실패자들의 명예의 전당에도 한 자리 차지할 만한 자격이 있다. 가장 많이 성취한 사람이 가장 많이 실패한 사람이라는 사실은 우연이 아니다.

베이브 루스Babe Ruth는 역대 최고의 야구 선수로 꼽히며 미국인 대다수에게 친숙한 선수다. 선수 시절 714회의 홈런을 달성한 루스는 몇십 년간 최다 홈런 기록을 유지했다. 굉장한 타자였지만 덜 알려진 사실도 있다. 그는 5년간 최다 삼진 기록에서도 상위를 차지했다. 즉, 에디슨과 마찬가지로 루스 역시 성공과 실패의 대가였다.

이는 무엇을 의미할까? 성공을 위한 낙관주의와 긍정의

중요성을 다루는 연구는 매우 많다. 새로운 아이디어에, 가능성에, 기회에 '그렇다'라고 말하는 것은 시작하기 위한 조건이다. 하지만 이 기본 위에 성공을 쌓으려면 '**그렇다**yes'와 비슷한 다른 단어도 필요하다. 바로 '**아직**yet'이다.[79]

그렇다, 나는 새로운 배터리를 발명할 수 있다고 믿는다. 수천 번의 실험을 했는데 해결책을 찾지 못했다. **아직**은 말이다.

그렇다, 나는 사업을 번창시킬 수 있다. 수익은 나지 않았다. **아직**은 말이다.

그렇다, 나는 정치로 사회에 변화를 일으키고 싶다. 공직에 선출되지는 않았다. **아직**은 말이다.

'그렇다'는 우리를 시작하게 하는 단어다. '아직'은 우리가 계속해서, 꾸준히 이어 나가게 만드는 단어다. 성공을 반드시 보장해 주진 않지만, 우리가 무너지는 대신 일어설 수 있도록, 프래질 상태에서 안티프래질로 이끈다.

미국 전 대통령 시어도어 루스벨트Theodore Roosevelt의 말을 빌리면 이렇게 말할 수 있다.

비평가가 하는 말은 중요하지 않다. 강한 사람이 어떻게 휘청거리게 되는지 혹은 어느 부분을 더 잘했어야 하는지 지적하는 사람이 하는 말 역시 중요하지 않다. 공적은 실제로 현장에 있는 사람에게 가야 한다. (중략) 실수를 저지르고, 기대했던 바에 못 미치고 계속해서 또 못 미치는 사람에게 말이다. 왜냐하면 실수와 결점이 없다는 것은 노력도 없었다는 뜻이 되기 때문이다. (중략) 노력했다면 결국 최상의 경우 큰 성취를 얻었을 것이고 최악의 경우 적어도 대담하게 시도한 결과로 실패를 맞았을 것이다.[80]

❀ 작품 읽기 : 미켈란젤로의 『다비드』 ❀

몇 년 전 한 런던 전시회장에서 미켈란젤로의 작품을 만났다. 이전에도 이탈리아 피렌체에서 그의 유명한 대리석 조각상인 『다비드David』를 감상한 적이 있다. 조각상 앞에 선 나는 압도적인 아름다움과 뚜렷하게 드러난 미켈란젤로의 천재성을 느낄 수 있었다. 런던 전시회는 피렌체 전시회와는 완전히 달랐다. 런던에서는 예술가의 가장 유명한 작품보다 유명한 작품으로 이끈 밑그림을 더 강조해 전시하고 있었다. 『다비드』가 된 스케치였다.

『다비드』의 팔을 표현한 그림 여러 장이 특히 기억에 남는다. 같은 팔을 그린 그림이 수십 장 연달아 펼쳐져 있었다. 내 눈에는 첫 번째 그림조차 완벽하게 보였다. 나도 그렇게 그릴 수 있으면 좋겠다는 생각이 들었다. 하지만 미켈란젤로는 첫 번째 시도든 열 번째 시도든 만족하지 못한 게 분명했다. 그 정도로는 조각상으로 옮길 준비가 되지 않았다고 생각한 모양이었다. '아직'은 말이다. 오늘날처럼 컴퓨터 기술의 도움을 받아 속도를 낼 수는 없었기에 그는 만족할 때까지 팔을 그리고 또 그렸다. 미켈란젤로는 『다비드』 팔의 밑그림을 그리는 데만 수십 번을 시도했다.

실수에 대한 두려움

우리 중 몇 명이나 자신을 완벽주의자라고 여길까? 완벽주의자들은 자신의 실수를 극도로 비판하고 동시에 두려워한다. 실패하거나 무너지는 걸 좋아하는 사람은 없지만 실패를 '싫어하는 것'과 '몹시 두려워하는 것' 사이에는 차이가 있다. 실패를 싫어하는 경우, 우리는 다시 실패하지 않도록 예방하고 더 노력한다. 반면에 실패에 극심한 두려움이 있는 경우에는 시도조차 하지 못한다. 마비된 상태로 인해 우리가 치러야 하는 대가는 아주 많다. 도전하지 않으면, 반드시 실패하게 되어 있다. 게다가 시도로 인한 실패는 잠재적으로 학습과 성장의 기회를 준다. 반대로, 노력하지 않아서 맞는 실패는 걸림돌이 되어 앞으로 나아갈 기회를 좁힌다.

채용 면접에서 면접관이 지원자에게 "가장 큰 약점이 뭔가요?"라고 물으면 지원자는 "아, 제 약점은 완벽주의자라는 것입니다"라고 답할 때가 있다. 이런 대답을 통해 '저는 책임감이 강하고 믿음직한 사람입니다. 제가 일을 잘할 거라 믿으셔도 좋습니다'라는 신호를 보내라고 지도받았기 때문이다. 우리는 완벽주의를 숨겨진 강점으로 본다. 하지만 이러한 자질에는 어두운 면이 있다. 실패할 수 있다는 극심한 두려움이 삶의 모든 부분에 스며들어 있다는 점이다. 우리는 이를 극복해야 한다.

완벽주의는 삶의 많은 부분에 상처를 준다. 완벽주의 때문에 내가 가장 큰 대가를 치러야 했던 부분은 관계이다. 완벽주의자들은 자기가 틀렸다고 인정하길 싫어하기 때문에, 나 역시 배우자나 친구가 내 개인적인 결점을 지적할 때마다 종종 방어적인 태도를 보였다. 논쟁할 때면 나는 자동으로 이렇게 생각했다(때로는 입 밖으로 말하기도 했다). '난 틀리지 않았어! 틀린 건 너라고!' 하지만 수년간 더 공감하고 결함과 실패를 받아들이는 법을 배우면서ㅡ나 자신을 인간으로 여기게 되면서ㅡ 다른 이들을 더 열린 마음으로 대하게 되었다.

이 문제를 극복하고 싶다면, 우리의 결점을 더 관대하게 바라봐야 한다. 자기 연민은 타인을 향한 연민만큼이나 중요하다.[81] 마음을 관대하게 먹으면 열린 자세로 실수로부터 배울 수 있으며 앞으로 나아가는 데 더 나은 결정을 내릴 수 있다. 실패하면 마음이 아프고, 좁고 곧은 길에서 벗어나게 되면 불안해지겠지만 이는 성장하는 데 필수적이다. 불완전함을 평가하기보다 실패를 포용할 때, 결점을 비난하기보다 실수를 용서할 때, 더 많은 성공과 행복을 얻게 될 것이다.

성장형 사고방식growth mindset

실패할까 봐 두려운 마음을 이겨 내는 다른 방법은 성장형 사고방식을 기르는 것이다.[82] 성장형 사고방식이란 우리가 변화를 일으킬 수 있다고 믿는 마음가짐이다. 정신적 기술과 관련된 부분이든, 그림을 그리거나 농구대에 공을 넣거나 사업을 운영하거나 관계를 맺을 때든 필요에 우리의 능력을 맞출 수 있으며, 우리는 성장할 수 있다고 믿는 마음이다.

그 반대인 고착형 사고방식fixed mindset은 우리가 어떤 능

배움의 안녕

력을 가진 채 혹은 가지지 못한 채로 태어났다고 믿는 것이다. 우리는 똑똑하거나 똑똑하지 않다. 우리는 재능이 있거나 없다. 다른 사람과의 관계는 절대적으로 좋거나 회복할 수 없을 정도로 손상되었다. 고착형 사고방식은 변화를 허용하지 않는다.

어떻게 하면 우리가 더 성장 지향적으로 바뀔 수 있을까? 한 가지 방법은 성과보다는 과정을, 결과보다는 노력을 가치 있게 보는 것이다. 노력에 집중하고 과정을 기념한다면—과정에서 발생하는 실패까지 기념한다면— 최종 결과에 집중할 때보다 성장형 사고방식을 기를 가능성이 훨씬 크다.

누군가의 사고방식이 성장형에 가까운지 고착형에 가까운지는 아주 어렸을 때부터 나타난다. 아이들이 성장형 사고방식을 갖도록 장려하려면 칭찬 방식을 바꿔야 한다. 결과가 대단하다거나 좋은 성과를 이루었다고 칭찬해서는 안 된다. 대신 노력에 중점을 둔다. 나는 아이가 셋인데, 성과는 소극적으로 다루는 편이다. 아이들이 좋은 성적을 받았다면 "A를 맞았다니 기쁘구나" 혹은 "참 똑똑하네!"라고 반응하는 대신 이렇게 말한다. "이 과목을 잘 이해한다니 정말 기쁘구

나. 시간을 투자해서 공부했고 네 것으로 만들었구나." 나쁜 성적을 받았다면 반대로 아이들이 배우고 이해한 내용이 무엇인지 확인하고 어떻게 하면 더 배울 수 있는지 함께 고민한다. 열심히 공부한 과정을 강조하는 것이다.

부모로서 모범을 보이는 태도가 가장 중요하다. 아이들과 실패 경험을 나누고 실패를 통해 무엇을 배웠는지 이야기를 나누자. 보스턴 필하모닉 유스 오케스트라의 지휘자 벤저민 젠더Benjamin Zander가 10대 청소년에게 첼로 연주를 가르치는 아름다운 동영상이 있다. 젠더는 학생이 실수할 때마다 "정말 멋지다"라고 말하며 실수를 축하한다. 왜냐하면 모든 실수는 배울 기회이기 때문이다.

심리적 안정감psychological safety

사랑하는 사람이나 동료, 혹은 주변 사람이 배우고 성장하며 안티프래질이 되도록 우리가 도울 수 있을까? 하버드 경영대학원 교수 에이미 에드먼슨Amy Edmondson은 연구를 통해 '심리적 안정감'이라는 개념을 소개한다.[83] 조직이나 단체 내에서 실패해도 괜찮다고 느끼는 감정이다. 예를 들어, 어느 팀에 속해 자신이 실수하거나 무언가를 모른다고 시인해도 업무에서 제외되리라는 두려움이 없고, 실패해도 새로운 기회가 주어질 것이라 느끼면 이는 심리적 안정감이 있다는 뜻이다. 조직은 대부분 심리적 안정감이나 충분히 실패해도 되는 기회를 제공하지 않는다. 하지만 심리적 안정감을 제공하는 조직의 직원들은 행복하고 효율성도 뛰어난 경우가 많다.

구글은 오늘날 세계에서 가장 입사하고 싶은 기업 중 하나로 꼽힌다. 따라서 구글에서 근무하는 인력은 대체로 최고의 실력자라고 볼 수 있다. 하지만 구글 안에도 생산성이 뛰어나고 혁신적인 팀이 있는 반면 그렇지 않은 팀도 있다. 최근 구글에서는 최고의 성과를 내는 팀들이 다른 팀들에 비해 구별되는 부분이 무엇인지 조사했는데[84]—구글이야말로 데이터 분석에 제격인 기업이다— 결과에 따르면 최고의 팀들은 높은 수준의 심리적 안정감을 누리고 있었다. 그들은 실패를 허락받았다고 느꼈고 따라서 시험하고 혁신할 기회도 많았다.

그렇다면 언제든 실패해도 된다는 뜻일까? 당신이 관리자나 부모라면 상대에게 무엇이든 실패해도 된다며 백지 수

표를 제공해도 될까? 아니다. 먼저, 실패해서 위험한 경우에는 경계선을 그어야 한다. 그렇기 때문에 아이들에게 특정 행동은 하지 못하게 하는 것이다. 예를 들어 전기 콘센트를 한번 다뤄 보게 두고, 시행착오를 통해 콘센트를 가지고 놀면 안 된다는 교훈을 배우게 하지는 않는다. 또한 실패는 경험을 통해 배우려는 열린 자세를 취했을 때만 유용하다.

존슨앤드존슨의 전설적인 전 CEO 제임스 버크James Burke에 대한 짧은 이야기를 나누고자 한다.[85] 그곳에서 근무를 막 시작한 1950년대에 버크는 젊고 유망한 관리자였다. 그는 아이들을 위한 새로운 제품 라인을 출시했는데 이는 '대실패'로 판명 났다. 기업은 큰 손해를 봤다. 그 여파로 버크는 당시 CEO였던 로버트 우드 존슨 2세Robert Wood Johnson II에게 불려 갔다. 대표의 사무실에 들어간 버크는 곧 해고당할 거라고 믿었다. 하지만 존슨은 자리에서 일어나 버크에게 손을 내밀곤, 그에게 축하를 건넸다. 버크는 어안이 벙벙했다. 무슨 일이 일어나고 있는지 알 수가 없었다. 존슨은 실험과 실수를 통해서만 사업하는 법을 배울 수 있다고 설명했다. 실수를 반성하고 경험에서 배운 것을 다음 기회에 적용한다면 괜찮다고 말이다.

제임스 버크는 해고당하지 않았을 뿐만 아니라 계속 성장해 재직 기간에 엄청난 성공을 이뤘으며, 가장 힘든 시기에도 기업을 잘 이끌어 존경받았다. 버크의 여정은 심리적 안정감의 중요성을 보여 준다. 실수해도 되는 여유가 안티프래질을 기르고 성장 잠재력을 발휘할 기회로 작용한다는 사실을 입증했다.

행복을 공부하는 목적이 최종 목적지에 다다르기 위해서가 아니라 더 행복해지기 위해서인 것처럼, 배움의 안녕의 목적은 최종 답을 구하는 것이 아니다. 배움의 안녕의 진정한 가치는 탐험하고 발견하고 배우는 과정에 있다. 그리고 우리의 탐구는 종종 질문 하나로부터 시작될 때가 있다.

독일의 훌륭한 시인 라이너 마리아 릴케Rainer Maria Rilke는 자신과 그의 작품을 읽는 독자들에게 답보다는 질문에, 결과보다는 과정에 집중하라고 충고했다. 『젊은 시인에게 보내는 편지』에서 릴케는 이렇게 썼다.

마음속에 있는 풀리지 않는 모든 것에 대해 인내심을 갖고 질문 자체를 사랑하도록 하자. (중략) 지금은 질문 속에서 살자. 어쩌면 점차, 자기도 모르는 사이에, 답을 알게 될 머나먼 날을 향해 살아가게 될지도 모른다.[86]

따라서 나는 이 점을 강조하고 싶다. 불확실성에 인내심을 갖자. 여러 번 질문하고, 타고난 호기심으로 질문을 대하자. 풍요로운 글에 흠뻑 빠져 보자. 훌륭한 고전을 한두 작품 골라 마음껏 즐겨 보자. 정독하고 재독하며 우리가 지닌 심화 학습의 잠재력을 충족시키고 이 과정을 통해 다른 영역에서도 성공과 행복을 추구하자. 완벽함은 버리고, 넘어졌다가 다시 일어날 기회를 누려 보자.

실패하는 것을 배우거나 배우는 것을 실패하거나. 다른 길은 없다.

행복 공부하기 배움의 안녕

행복 수준을 확인하기 위해 행복 공부의 3단계인 점수 매기기, 설명하기, 처방 내리기를 배움의 안녕에 초점을 맞춰 실행해 보자. 다음과 같이 질문하고, 배움의 안녕을 어느 정도로 경험하는지 1부터 10 사이의 점수를 매긴다.

행복 수준 질문

☐ 새로운 것을 배우려고 시도하고, 시간을 투자하는가?
☐ 모르는 것이 생기면 충분히 질문하는가?
☐ 관심 있는 분야에 깊이 빠져들 때가 있는가?
☐ 충분히 실패하고, 실패를 받아들이는가?

점수를 매겼다면 왜 이 점수를 줬는지 설명한다. 그런 다음에 우선은 1점 더 올릴 수 있는 방법 중 하나를 골라 처방을 내린다.

행복 처방전

☐ 자신과 다른 사람에게 더 많이 질문하기
☐ 가장 좋아하는 책을 골라 천천히 다시 읽기
☐ 실패해 보기(실패했다면 실패한 자신을 축하하고 기념하기)

자신에게 내린 처방을 잘 지키고 있는지 매주 확인한다.

Relational
Wellbeing

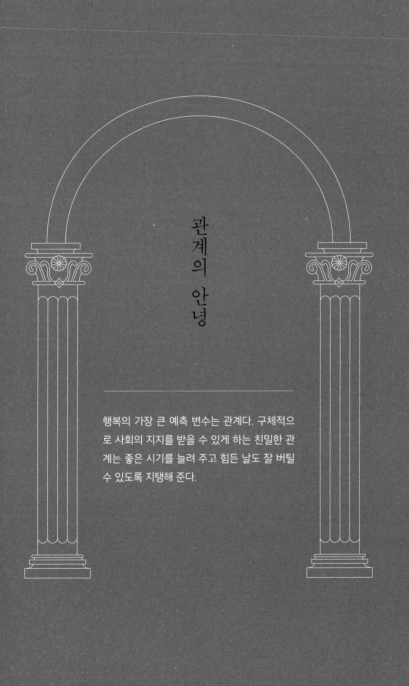

관계의 안녕

행복의 가장 큰 예측 변수는 관계다. 구체적으
로 사회의 지지를 받을 수 있게 하는 친밀한 관
계는 좋은 시기를 늘려 주고 힘든 날도 잘 버틸
수 있도록 지탱해 준다.

우정은 기쁨을 배로 늘리고 근심은 반으로 줄인다.

– 프랜시스 베이컨Francis Bacon

행복과 관련한 가장 큰 예측 변수는 무엇일까? 이 단순한 질 문은 거의 한 세기 동안 수집된 데이터로 증명되었다. 1930 년대 말 하버드대학교에서는 오늘날까지도 이어지는 대규 모 장기 연구에 착수했다.[87] 연구 대상은 하버드대학교 학생 집단과 인근 도시에 사는 주민 집단이었다. 연구원들은 여러 세대에 걸쳐 두 집단을 따라다니며 설문, 인터뷰, 생리학적 평가, 환경 분석 등을 통해 참가자들의 일생을 조사했다. 그 리고 수십 년간, 말 그대로 수백만 개의 데이터를 분석해 행 복한 삶을 구성하는 중요한 요소를 찾아냈다.

그들은 무엇을 발견했을까? 짐작한 대로다. 돈도 아니고 영예도 아니고 물질적인 성공이나 명성도 아니다. 연구에 따르면 행복의 가장 큰 예측 변수는 관계다. 구체적으로 사회적 지지를 받을 수 있게 하는 친밀한 관계는 좋은 시기를 늘려 주고 힘든 날도 잘 버틸 수 있도록 지탱해 준다. 연구 결과에서 흥미로웠던 점은 관계의 대상이 누구인지는 딱히 중요하지 않았다는 사실이다. 연애 상대나 절친한 친구인 경우도 있고, 친척이나 일터에서 가까이 지내는 동료인 경우도 있었다. 건강한 관계가 행복을 위한 유일한 요소는 아니었지만 가장 의미 있는 요소이기는 했다.

연구원들은 조사의 하나로 다른 질문도 했다. 건강의 가장 큰 예측 변수는 무엇일까? 물론 많은 요인이 연관되었지만 신체적 건강에도 관계가 중요했다. 그렇다. 친밀한 관계는 **건강과 행복**에 가장 비중이 큰 변수다. 누구나 친밀한 관계가 중요하다는 사실은 알고 있다. 그런데도 시간이 흐르면 주변 관계를 당연시하며, 관계에 시간이나 재화를 투자하지 않거나 우선순위에서 뒤로 밀어내는 경우가 많다. 가족이나 친구와의 관계가 삶에서 가장 중요하다고 습관적으로 주장하기는 하지만 우리가 들이는 노력 정도를 보면 맞지 않을 때가 종종 있다.

전 세계 행복 수준을 큰 시야로 보면 사회적 관계가 어떤 영향을 미치는지 확인할 수 있다.88 나라의 경제적 건강을 국민총생산과 국내총생산으로 측정하는 것처럼, 이제는 많은 국가에서 국민 건강을 측정하는 기준으로 국민총행복GNH; Gross National Happiness을 도입하기 시작했다. 미국은 세계에서 가장 부유한 국가임에도 국민이 가장 행복하지는 않다. 물질적으로 풍요로운 나라로 꼽히는 중국, 일본, 싱가포르, 대한민국, 독일, 영국도 마찬가지다. 그렇다면 세계에서 국민이 가장 행복한 나라는 어디일까? 콜롬비아, 덴마크, 노르웨이, 코스타리카, 이스라엘, 호주 등이 꾸준히 상위권을 유지 중이다. 그렇다면 이스라엘이나 콜롬비아 등 국제적으로 어려움을 겪는 곳들은 어떻게 상위권을 유지하는 걸까? 답은 하나, 관계다. 이들 국가에서는 강력한 가족 유대감이나 지역 사회의 연대감 등 서로 연결하고 지지하는 관계를 사회적으로 크게 강조한다. 예를 들어 덴마크인 중 93퍼센트는 사교 모임에 적극적으로 참여한다. 그들은 지속적으로 친구들과 교류하고, 다른 사람을 지지하며, 그들 자신도 다른 사람으로부터 지지받을 수 있는 모임이 있다. 이스라엘과 콜롬비아에서는 가족과 함께 보내는 시간을 매우 중요하다고, 나아가 신성하다고 여긴다.

"그 누구도 섬은 아니다." 시인 존 던의 말이다. 교제에 대한 필요는 물과 음식에 대한 필요만큼이나 현실적이다. 친밀한 관계가 우리를 유토피아로 데려다준다거나 우리와 가장 가까운 사람이 완벽한 존재라는 말은 아니다. 이들 또한 우리를 힘들게 할 수 있다. 누군가와 한 공간에서 오랜 시간을 함께 보내야 할 땐 특히 그렇다. 한 지붕 아래에서 같은 사람과 장기간 지내다 보면 마찰이 생길 수밖에 없다. 이번 장에서는 갈등의 중요성에 관해 이야기할 것이다. 갈등을 극복하는 법뿐만 아니라 어떻게 하면 더 관계를 끈끈하게 이어갈 수 있는지도 다룰 예정이다. 친구와 오래 만나지 못해도 우정을 지속하는 방법도 살펴본다. 사회적 거리 두기가 현실이 되었던 혼란스러운 시기를 보내며 연애 상대든 가족이든 동료나 친구든 어느 관계에서도 실천해 볼 수 있는 몇 가지 간단한 전략도 공유하고자 한다.

관계의 안녕

📖

뉴노멀 시대에 의미 있고 친밀한 관계를 맺는 법

의미 있고 친밀한 깊은 관계는 우리가 안티프래질해지는 데, 힘든 시기를 이겨 내고 더 강해지는 데 결정적인 역할을 한다. 그러나 물리적 거리 두기를 하며 이러한 관계를 발전시키기란 매우 어렵다. 진정으로 연결되기를 원하는 상황에서 관계를 대면이 아닌 온라인상에서의 교류로 대체해야 한다면 특히 그렇다.

우리는 소셜 미디어에 너무 많은 시간을 소비했고 그로 인해 우리가 지불해야 한 대가는 매우 컸다. 뉴욕대학교의 사회학자 에릭 클라이넨버그Eric Klinenberg는 "(대면 교류에 대비해서) 온라인 교류 비중이 더 크다면 우리는 더 외로울 것"이라고 지적했다.89 짐작할 수 있겠지만 외로움은 건강과 행복을 서서히 망가뜨린다. 외로움은 특히 우울증, 심장병, 약한 면역 체계와 연관되어 있다. 온라인상에서의 교류가 쉽고 재미있기는 해도 '연결되기 위해' 연결을 끊어야 할 때가 있다. 다른 많은 것과 마찬가지로 소셜 미디어 역시 적당히 소비해야 한다. 소셜 미디어를 매일 20분간 본다면 적당한 자극일지도 모른다. 그러나 매일 세 시간을 소셜 미디어에 소비한다면 결국에는 외롭다고 느낄 확률이 크다. 집에서 전자기기 화면을 들여다보지 않는 시간을 정해 놓자. 가족이 함께 보내는 거실에서는 게임기 사용을 금지한다든지, 식탁 위에 휴대 전화를 올려놓지 않는다든지 등으로 규칙을 정하는 것이다.

특히 미래 세대에는 전자기기 사용을 줄이는 게 절대적으로 중요하다. 샌디에이고주립대학교 진 트웽이Jean Twenge 교수는 10대들의 정신 건강 수준을 조사하는 광범위한 연구를 수행했다.[90] 연구 결과는 무서울 정도였다. 2012년에서 2017년 사이 10대들이 느끼는 외로움의 정도는 30퍼센트나 증가했다. 우울증은 30퍼센트 넘게 늘어났다. 자살률 역시 30퍼센트 넘게 증가했다. 불과 5년 만에 이루어진, 전례 없는 변

관계의 안녕

화다. 어째서일까? 왜 이토록 짧은 기간에 우울증, 외로움, 자살률이 이렇게나 크게 상승했을까? 트웽이는 연구 데이터를 샅샅이 뒤졌고 그 원인을 발견했다. 바로 스마트폰 사용량 증가였다. 아이들은 옆에 앉은 사람 대신 자기 휴대 전화를 볼 때가 더 많았고, 실제 삶에서 중요한 사람과 보내는 시간보다 훨씬 더 많은 시간을 온라인에 쓰고 있었다.

어른을 대상으로 한 에릭의 연구와 10대를 다룬 진의 연구 결과를 바탕으로, 누군가 내게 관계의 안녕을 어떻게 향상시킬 수 있느냐고 물어 오면 나는 단순하고 분명하게 답한다. 소셜 미디어를 끊고 밖으로 나가 사람을 만나라고 말이다. 하지만 몇 년 전, 코로나바이러스가 창궐한 이후 상황이 달라졌다. 당시 대면과 비대면 관계 중에서 선택할 수 있는 특권을 누리지 못하는 사람이 늘어났다. 우리는 집에 갇힌 채로 관계를 유지하기 위해 최선을 다해야만 했다. 그 영향이 이어지는 새로운 시대에 우리는 이제 낡은 기준은 버리고 타당성이 있는 새로운 기준을 도입해야 한다. 대면 대 비대면이 아닌, **깊은 관계 대 얕은 관계** 말이다.

가상현실이라고 해도 깊은 관계를 맺는 것은 가능하다. 코로나바이러스가 강타했을 당시, 내가 가르치던 컬럼비아대학교에서 수업을 온라인으로 바꾸겠다고 공지했을 때 솔직히 나는 크게 실망했다. 두 시간짜리 수업을 한 달 넘는 기간 동안 수차례 진행하고 나서야, 행복학 강의가 표면적으로 학문을 토론하는 자리에서 심도 있는 대화를 나누는 심리학적 자리로 변했기 때문이다. 내가 늘 갈망하던 대로 말이다. 수업 형식을 온라인으로 변경하게 되면 이 마법이 사라질 것 같았다. 그리고 실제로 처음에는 그랬다. 하지만 놀랍게도 온라인 수업을 두어 번 하고 나자 스크린은 더 이상 친밀함을 막는 장벽이 되지 않았다. 새로운 가상 영토로 들어서는 첫 발걸음은 불안정했지만 한 학생이, 이어서 다른 학생이 자기 생각과 마음을 나누며 과감하게 발걸음을 내딛었다. 곧 다른 학생들도 지지를 보냈고 그들 역시 영토로 깊숙이 들어왔다. 우리는 친밀하고 깊은 관계가 온라인에서도 가능하다는 사실을 함께 발견했다.

옛 체계의 많은 부분을 잃어버린 세계에서—일터와 집을 나누던 시공간의 경계가 무너진 세계에서—우리는 새로운 체계를 세워야 한다. 뉴노멀 시기에 가장 중요한 것은 어쩌면 진심을 담아 의미 있고 깊은 대화를 나눌 정기적인 시간이다. 우리를 아끼고, 우리가 아끼는 사람들과 직접 만나 소중한 시간을 보내면 가장 좋겠지만 이것이 가능하지 않은 상황이라면 기술로 보완하자. 서로가 어디에 있든 의미 있는 관계를 돈독하게 유지할 수 있다. 배움의 안녕을 누리기 위해 심화 학습이 필수적이듯 관계의 안녕에는 깊은 대화가 필수적이다. 친구와 화상 회의 프로그램으로 만나든 전화로 서로의 목소리를 듣든 시간을 내어 마음을 열고, 나누고, 듣고, 지지하며 진심으로 연결되는 기회를 가져 보자.

공감력 키우기

소셜 미디어의 시대가 시작된 이래로, 우리의 정신 건강뿐만 아니라 공감 능력도 크게 영향을 받았다. 사회 심리학자 세라 콘라스Sara Konrath는 세대 간 공감 수준을 비교했는데, 오늘날 스무 살의 공감 수준은 20년 전 스무 살의 공감 수준보다 40퍼센트 낮다는 사실을 발견했다.[91] 마찬가지로 영국에서 실시한 어느 연구에 따르면 지난 20년간 고등학생들 사이에서 반사회적 행동이 두 배로 증가했다. 즉, 동정심은 현저하게 줄어들고, 남을 괴롭히는 행동은 늘고 있다.

다른 사람의 느낌을 이해하고 알아차리는 능력인 '공감'은 도덕적인 감정이다. 공감은 사회 구성원을 하나로 묶어주므로, 전반적으로 공감 능력이 떨어진다는 것은 사회 전체의 문제가 된다.92 공감 수준은 왜 떨어졌을까? 주요 이유 중 하나는 우리가 남과 진심으로 깊게 상호작용하는 경우가 줄었기 때문이다.

학교에서 공감 교육 수업을 신설하는 게 답이란 생각이 들지도 모르겠다. 물론 올바른 방향이긴 하지만 이것만으로는 부족하다. 내가 베트남어를 배우고 싶다고 하자. 수업에 등록해 배우면 베트남어 실력은 물론 늘겠지만, 직접 베트남에 가서 문화에 완전히 빠져든다면 내 실력은 훨씬 더 나아질 것이다.

공감 언어를 배울 때도 마찬가지다. 글을 읽거나 수업을 들으며 다른 사람의 입장이 되어 볼 수는 있다. 애덤 스미스Adam Smith의『도덕감정론』을 읽거나 윤리적 개념을 파악하기 위해 우분투Ubuntu(＊역자 주: 남아프리카 분투족의 말로 '네가 있기에 내가 있고, 우리가 있기에 내가 있다'는 뜻) 수업을 듣는다든지 하며 말이다. 하지만 공감력을 키우는 더 효과적인 방법은 공감을 '구사하는' 곳에서 다른 사람에게 몰입해 공감하는 것이다. 즉, 다른 사람과 마주 보며 교류할 수 있는 곳이라면 어디든 좋다. 직접적인 상호작용을 해야만 타인이 경험하고 느끼는 감정을 제대로 알아차릴 수 있다. 그래야 다른 사람과 함께 웃고, 울 수 있다. 또한 타인에게 잘못을 저지르거나 상처 주는 경험을 하고, 그 반응에 영향받을 수 있다. 공감 능력은 그렇게 기르는 것이다. 이런 상호작용은 함께 놀이를 하거나 학교나 회사에서 같이 앉아 있을 때 가장잘 일어난다. 스크린을 사이에 두지 않고서 말이다. 하지만다른 선택의 여지가 없다면 온라인상에서 해야 할 테고, 그렇게 해도 좋다.

코로나바이러스의 유행으로 집에 갇혀 지내는 동안 나는가족, 친구와의 관계를 감사하게 되었으며 서로와 함께하는시간을 소중히 여기게 되었다. 많은 이가 비슷한 경험을 했을 것이다. 이 깨달음을 바탕으로 친밀한 모임을 더 자주, 그리고 오래 가지길 바란다. 사랑하는 사람이든 이제 막 만난낯선 사람이든 다른 사람과 가까이 교류해야 우리는 공감과친절, 연민하는 능력을 키울 수 있고 더 높은 수준의 신체적,정신적 안녕을 누릴 수 있다. 또한 더 도덕적이고 너그러워지며 더 건강하고 행복해질 것이다.

다른 사람에게 베풀 때
우리 자신에게도 베풀게 된다

상대와 분리되어 고립된 시대에 관계를 의미 있게 강화하는 방법은 무엇일까? 지금 어떤 상황이든 공감력을 키우고 외로움을 줄이는 가장 좋은 방법 중 하나는 베푸는 것이다.

브리티시컬럼비아대학교와 하버드 경영대학원이 공동으로 진행한 연구에서 베풂의 힘을 확인할 수 있다.[93] 연구의 첫 번째 단계에서는 실험 대상자들의 행복 수준을 측정했다. 이후 이들에게 상당한 액수의 돈을 주고 자신을 위해 쓰라고 했다. 실험 대상자들은 한바탕 쇼핑에 나섰다. 이들의 행복 수준을 다시 측정했을 때, 결과는 어땠을까?

실험 대상자들의 행복 수준은 크게 올랐다. 연구를 이어나가기 위해 다음 날 연구원들은 실험 대상자들의 행복 수준을 다시 측정했다. 두 번째 측정 결과는 어땠을까? 24시간 후 행복 수준은 전날 조사를 시작했을 때와 비슷했다. 즉, 대상자들은 쇼핑 직후 기분이 들떴지만 빠르게 이전 상태로 돌아갔다. 그렇다면 이 연구의 결론은 우리가 매일 쇼핑을 해야 한다는 것일까? 그건 아니다.

연구의 두 번째 단계에서도 무작위로 실험 대상자를 선정했다. 연구원들은 마찬가지로 이들의 행복 수준을 측정하고 같은 액수의 돈을 주고는 나가서 다 쓰고 오라고 했다. 단, 이번에는 다른 사람을 위해 써야 했다. 돈을 다 쓴 두 번째 실험 대상자들이 연구소로 돌아왔고 연구원들은 이들의 행복 수준을 측정했다. 결과는 첫 번째 실험 대상자만큼 높았다. 다음 날 연구원들은 다시 대상자들의 행복 수준을 측정했다. 결과는 어땠을까? 살짝 내려가기는 했지만 행복 수준은 처음과 비교해서 여전히 꽤 높은 상태였다. 그리고 실험을 한 지 일주일이 지난 후에도 긍정적인 영향은 지속됐다.

다른 사람에게 베풀 때 우리는 자신에게도 베풀게 된다. 많은 연구에 따르면 베푸는 행동은 행복을 키우고 자신감을 높이는 가장 좋은 방법 중 하나이다. 베푸는 행위는 우리를

관계의 안녕

무력함에서 유용함으로, 결과적으로는 절망을 희망으로 이끌어 준다. 슬픔과 우울에는 결정적인 차이가 있다. 우울은 희망 없는 슬픔이라는 것이다. 베푸는 행위는 희망과 연결되어 있다. 희망이 커질수록 우리는 더 유능해지고 행복해지며 궁극적으로는 더 성공하게 된다.

내 모국어는 히브리어인데, 그중 내가 가장 좋아하는 단어는 '주다'라는 뜻의 나탄natan(נתן)이다. 히브리 알파벳이나 로마자로 이 단어를 적으면 특이한 점을 발견할 수 있다. 바로 오른쪽에서 왼쪽으로 읽든 왼쪽에서 오른쪽으로 읽든 뜻이 같은 회문回文이라는 것이다. 이는 단순한 우연이 아니다. 고대 언어는 많은 지혜를 품고 있기 때문이다. 남에게 무언가를 주면 더 많이 되돌려 받는 경우가 종종 있다는 연구 결과를 보면 나탄이라는 단어가 지닌 특성을 알 수 있다. 두텁고 친밀한 관계를 만드는 가장 좋은 방법 중 하나는 다른 사람에게 아낌없이 주려는 마음이다.

우리는 남에게 무엇을 줄 수 있을까? 무엇이든 줄 수 있다. 안네 프랑크Anne Frank는 열세 살 밖에 되지 않았을 때 일기장에 이렇게 썼다. "우리는 언제든, 언제든 무언가를 줄 수 있다. 줄 수 있는 게 친절함밖에 없다고 해도 말이다." 동거인이 내 차례인 집안일을 대신해 주거나 친구가 작은 깜짝 선물을 건넬 때 우리도 무언가를 주게 된다. 적극적인 자세로 아이의 말을 들어 주거나 동료와 정보를 나누는 것 역시 주는 행동이다.

5장에서 살펴보겠지만 행복에 개입하는 가장 강력한 방법 중 하나는 감사 편지 쓰기다. 고마운 마음을 담아 편지를 써서 건네는 것은 친절하고 다정한 행위이다. 그리고 우리가 베풀면 그의 행복 수준만 오르지 않는다. 우리의 행복 수준도 올라간다.

❀ 작품 읽기 : 매리 앤 에번스의 「잃어버린 날을 세어라」 ❀

19세기 작가 메리 앤 에번스는 조지 엘리엇이라는 필명으로 훌륭한 작품을 많이 썼다. 그중 소설 「미들마치」가 가장 잘 알려져 있으나 아름다운 시도 남겼다. 다음은 베푸는 것의 중요성을 노래한 「잃어버린 날을 세어라Count That Day Lost」라는 제목의 시이다.

해가 질 무렵이면 자리에 앉아 If you sit down at set of sun
그날 한 행동을 세어 보라 And count the acts that you have done

그렇게 헤아리다 And, counting, find

자제한 행동이나 One self-denying deed, one word

듣는 이의 마음을 편하게 한 말 한마디 That eased the heart of him who heard,

친절한 눈빛 하나로 One glance most kind

햇살을 내리쬐어 주었다면 That fell like sunshine where it went –

그랬다면 그날은 잘 보낸 날로 세어라 Then you may count that day well spent.

하지만 온종일 보내며 But if, through all the livelong day

그 누구의 마음도 기쁘게 하지 못했다면 You've cheered no heart, by yea or nay –

하루를 다 보낸 뒤에도 If, through it all

떠올릴 만한 일을 하지 않았다면 You've nothing done that you can trace

한 사람의 얼굴에 햇살이 내리쬐게 하지 않았다면 That brought the sunshine to one face –

작은 행동으로라도 No act most small

한 영혼을 돕지 않았다면 That helped some soul and nothing cost –

그렇다면 그날은 잃어버린 것보다 더 나쁜 날로 세어라 Then count that day as worse than lost

에번스의 표현에 따르면 우리가 다른 사람에게 햇살을 내리쬐어 주고, 친절함과 너그러움과 사랑을 베푼 날은 '잘 보낸 날'이다. 반면에 다른 사람의 삶에 긍정적인 영향을 미치지 못한 날이 있다면 그날은 '잃어버린 것보다 더 나쁜 날'이 된다. 얼마나 많이 베풀었는지를 '좋은 삶'의 기준으로 삼는다고 가정해 보자. 우리가 얼마나 친절하고 남을 잘 도왔는지, 얼마나 많은 기쁨을 퍼뜨렸는지를 기준으로 우리가 어떻게 살고 있는지를 평가한다면, 이 세상은 훨씬 더 좋은 곳이 될 것이다. 우리의 행동으로 혜택을 보는 이들만 아니라 우리 자신 또한 세상이 나아졌다고 느끼게 될 것이다.

가장 먼저 돌볼 사람은 언제나 자신이다

그렇다면 쉬지 않고 계속 베풀고, 베풀고, 또 베풀어야 할까? 만약 주변의 모든 사람을 챙기느라 자신을 위한 에너지가 남아나지 않는 지경에 이를 정도라면, 이는 자신을 해치는 것과 마찬가지다. 펜실베이니아대학교 심리학 교수 애덤 그랜트Adam Grant와 동료들은 직장 내에서 다양한 행동 양식을 보이는 사람들을 연구했다. 그랜트는 실험 대상자를 기버giver, 테이커taker, 매처matcher 등 세 그룹으로 나눴다.[94] 명칭에서 알 수 있듯이 기버는 자기의 시간, 에너지, 전문지식을 선뜻 베푸는 사람이다. 그들은 착하며 남을 잘 돕는 직원으로 잘 알려져 있다. 반대로 테이커는 기버의 베풂을 기꺼이 받을 준비가 되어 있으며 자신의 이익을 우선시한다. 남에

관계의 안녕

게 부탁은 잘하면서 다른 이의 부탁을 들어주기는 꺼리는 이들이다. 매처는 상부상조한다는 철학을 갖고 있다. 받았다고 생각하는 만큼만 정확하게 베푼다. 그리고 '받을 만한' 수준을 초과해서 받는 것은 부당하다고 여긴다.

관리자의 시각에서 본다면, 조직에 기버가 많은 것이 좋다. 친절하고, 남을 잘 가르치고, 다른 이들을 돕고, 팀을 위한 역할을 해내며, 조직을 중시하는 사람 말이다. 따라서 조직은 기버로부터 큰 이득을 얻을 것이다. 하지만 개인에게는 어떤 의미가 있을까? 장기적으로 성공하고 싶다면 기버가 되어야 할까, 아니면 테이커나 매처가 되어야 할까? 기버가 되어 베풀면 실제로 더 성공할 수 있을까? 아니면 공평한 매처 혹은 자신의 이익을 중시하는 테이커가 되어야 할까?

그랜트와 동료 연구원들은 직원들을 성과 수준에 따라 상위, 중위, 하위 그룹으로 분류했다. 어떤 직원이 상위 수준이었을까? 조직에서 가장 큰 성과를 보인 직원은 기버인 경우가 많았다. 그들의 성과는 한눈에 보일 정도로 높았다. 중간 그룹에 속한 이들은 누구였을까? 테이커와 매처였다. 그렇다면 하위 그룹에는 어떤 유형의 직원이 있었을까? 기버였다! 기버는 테이커나 매처에 비해 높거나 낮은 성과를 보인다는 놀라운 결과가 나온 것이다.

그렇다면 상위에 있는 기버와 하위에 있는 기버는 어떻게 구별할 수 있을까? 두 집단의 차이점은 분명했다. 상위 그룹의 기버들은 **자신에게도 베풀었다.** 반면 하위 그룹에 속한 기버들은 자신은 잊고 지내는 경향이 있었다. 자신이 필요로 하는 것은 챙기지 않은 채 지칠 때까지 남을 위해 베풀었다. 즉, 계속해서 성과를 내려면 남에게 베풀되 자신도 돌볼 생각을 해야만 한다. 이 결론은 비행 시 기내 안내 방송을 떠올리게 한다. '다른 이들을 돕기 전에 자기 산소마스크를 먼저 착용하라'는 내용 말이다.

달라이 라마達賴喇嘛도 같은 뜻의 말을 했다. "자신을 희생하며 남을 돕는 일은 오래가지 않는다. 남을 돕는 일은 자신에게도 도움이 되어야 한다."95 이는 서양인 대부분에게 사소한 문제가 아니다. 대니얼 골먼Daniel Goleman의 책 『파괴하는 감정들Destructive Emotions』에는 많은 서양인이 자존감 낮다는 사실을 알고는 달라이 라마가 굉장히 놀랐다고 언급된다. 어째서 사람들은 자신을 좋아하지 않는 걸까? 티베트에서는 동정을 이해하는 방식이 다르기 때문에 이러한 차이가 나타난다고, 달라이 라마는 설명한다. 단어는 세계를 만들어 낸다. 문화와 환경에 따라 특정 개념을 해석하는 방식도 달라진다. 이는 개개인에게 큰 영향을 미치며 무의식에 뿌리 깊게 자리 잡은 우리의 심리적 경향을 설명해 주기도 한다.

동정이 그토록 특별한 이유는 뭘까? 서양인에게 동정을 정의해 보라고 하면 대부분은 '다른 사람에게 연민을 느끼는 감정'이라고 답할 것이다. 달라이 라마는 동정을 뜻하는 티베트어 단어인 체와tsewa가 **자신을 위한 동정과 남을 위한 동정**을 동시에 말한다고 설명한다.[96] 자신을 위한 동정이 먼저고, 그로부터 남을 위한 동정으로 확산한다는 것이다. 겹겹을 이룬 동심원 가운데에 자신이 있는 형태를 떠올려 보자. 자신을 향한 동정을 자신과 가까운 이들에게 확장하고 점점 이어 나가 전 세계로 뻗는 모습이다. 하지만 시작점은 늘 자신이다. 우리는 모두 이 삶의 원 안에 동정이라는 감정으로 연결되어 있다. 많은 동양 철학 전통에서는(서양 전통과는 반대로) 자신과 남을 별개로 인식하지 않는다.

서양 철학 전통에는 감정을 이기심과 이타심으로 나누며

자신과 남을 별개로 보는 인식이 존재한다. '**이기적이다**'와 비슷한 단어는 '**못되다**', '**인색하다**', '**자기도취적이다**', '**탐욕스럽다**' 등이 있다. 반대편에 있는 '**이타적이다**'와 비슷한 말에는 '**고결하다**', '**관대하다**', '**다정하다**', '**자비롭다**' 등이 있다. 이런 문화권에서는 언어를 배우기 시작할 때부터 자신에게 동정을 느끼는 것을 포함해 자신을 우선시하면 도덕에 어긋난다고 배운다. 하지만 이는 옳지 않다. 어째서 나 자신이 다른 이에 비해 가치가 덜 하다는 걸까? 게다가 지속 가능한 태도도 아니다. 자신에게 필요한 부분을 돌보지 않는 사람은 궁극적으로 자신이나 다른 사람에게 줄 것이 아무것도 남지 않게 된다. 다른 사람에게 베푸는 것은 이타적이고 자신에게 베푸는 것은 이기적이라는 시각 대신 양쪽 모두에게 베푸는 건강한 태도를 지녀야 한다. 자신과 남을 동시에 챙기는 태도 말이다.

이 태도는 어떻게 유지할 수 있을까? 동료가 자신의 프로젝트를 도와 달라고 부탁했을 때 너무 바쁘다면 간단하게 답해 보자. "돕고 싶지만 우선 이 일을 끝내야 해서요." 집에서는 이렇게 말할 수도 있겠다. "얘들아, 이 일만 끝내고 봐줄

게.” 사랑하는 사람에게도 양해를 구하자. “자기야, 내일 만나자. 오늘은 혼자 시간을 보내며 충전하고 싶어.” 이렇게 해도 괜찮다! 자신을 돌본다고 해서 나쁜 사람이 되는 것은 아니다. 오히려 반대로, 지금 무엇을 필요로 하는지 스스로 주의를 기울여야만 장기적으로 다른 사람을 돕고, 필요에 기여하고, 더 친절하고 너그러운 사람이 될 수 있다. 2천 년도 더 과거에 살았던 위대한 유대인 현인 힐렐Hillel의 말을 빌리자면 “내가 나를 위하지 않으면 누가 나를 위할 것인가? 그렇다고 내가 나만을 위해 산다면 난 누구인 것인가? 그리고 지금 하지 않는다면 언제 할 수 있겠는가?” 세상에는 그 어느 때보다 자신과 남을 모두 돌보는 사람이 필요하다.

완벽한 부모 대신 충분히 좋은 부모

부모는 자식에게 언제든 기댈 수 있는 안정적인 버팀목이 되는 게 자신의 역할이고, 완벽한 모범을 보이는 것이 의무라고 느낀다. '지금은 약한 모습을 보여서는 안 돼. 아이를 위해 강해져야 해' 하고 다짐한다. 하지만 큰 일이 생겨 나약해지고, 불안하고, 좌절하고, 슬프고, 화가 날 때는 어떻게 해야 할까? 우리가 받는 고통이 아이들에게 전해지리라는 것을 알면서도 어떻게 감정을 그대로 받아들일 수 있을까?

우선 아이들은 부모가 힘들어하는 모습을 봐도, 그래서 아이들 역시 힘들어지게 된다고 해도 괜찮다는 사실을 명심해야 한다. 부모로서 우리는 아이들을 보호하기 위해, 불안한 감정을 밖으로 드러내기보다 숨기려는 충동이 생긴다. 하지만 부모가 슬퍼하거나 분노하는 모습을 적절한 수준에서 목격하는 경험은 아이들이 건강하게 성장하는 데 꼭 필요하다. 더 나아가서는 부모가 아이에게 완벽한 모범을 보이는 것은 불가능할 뿐만 아니라 바람직하지도 않다는 사실을 받아들여야 한다.

약 70년 전, 영국 아동 심리학자 도널드 위니코트Donald Winnicott는 육아와 관련된 중요한 개념 중 하나인 '충분히 좋은 엄마the good enough mother'를 소개했다.97 무슨 뜻일까? 위니코트는 많은 부모가 언제나 주의 깊게 아이를 보살피는 완벽한 양육자가 되고 싶어 한다는 점을 인식했다. 아이가 울면 즉시 달래 주고, 아이 앞에 도전 과제가 놓이면 바로 돕는 부모 말이다. 위니코트는 아이에게 완벽한 부모가 필요한 것은 아니라고 지적한다. 아이에게 필요한 존재는 **충분히 좋은 부모**다. 바쁘거나 기분이 좋지 않아서, 혹은 일하는 중이거나 혼자만의 시간이 필요해서 등의 이유로 부모가 아이에게 100퍼센트 주의를 기울이지 않는다고 해도 괜찮다는 뜻이다. 부모의 관심이 부족해질 때 아이는 스스로 조절하는 법을 배우게 된다. 반면에 부모가 늘 곁에 있다면 아이는 혼자서 어려움을 해결하는 법을 배울 수 없다. 부모로서 세워야 하는 궁극적인 목표는 자립심 있는 아이를 키우는 것이다. 부모는 아이 옆에 평생 있어 줄 수 없다. 아이에게는 여러 상황에 혼자서 대처할 기회가 주어져야 한다. 소위 '완벽한 부모'보다 '충분히 좋은 부모'가 아이에게 더 필요한 존재에 가깝다.

'충분히 좋은 부모'면 된다는 말은 아이가 때로 기분이 좋지 않은 상태의 부모를 목격한다고 해도 괜찮다는 뜻이다. 속상한 일이 있었다면 그 내용을 아이에게 들려 줘도 된다. 안정감을 느낄 수 있도록 아이를 안은 채로 "지금 엄마가 화가 났어"라고 하거나 "아빠가 아주 피곤하네"라고 말해도 된다. 모든 게 괜찮다고 전하지 않으면서도 아이를 사랑하고 아낄 수 있는 것이다. 부모에게서 이런 말을 들으면 아이는 마음이 한결 편해진다. 아이 역시 그런 기분일 때가 있으니 말이다. 부모가 자신에게 인간다울 수 있도록 허락하면 아이 역시 그래도 된다는 허락을 받는 셈이다.

부모로서 벌컥 화를 내는 모습을 보였다고 해도 세상이 무너지지는 않는다. 이후 부모가 회복하는 모습을 보면, 아

관계의 안녕

이는 마음이 놓일 것이다. 감정에 사로잡혀, 해서는 안 되는 말이나 후회되는 말을 했다면 사과하면 된다. 아이들에게는 완벽한 본보기가 필요하지 않다. 그들이 느끼기에 충분히 좋은 사람이면 된다. 육아의 아름다운 점 중 하나는 부모가 아이를 가르치기만 하는 게 아니라 부모와 아이가 함께 성장한다는 것이다. **배우는 부모는 아이에게 최고의 본보기다.**

우리가 부모로서 직면한 가장 큰 문제 중 하나는—여기서 '우리'는 교육 체계가 충분히 마련된 국가에 사는 이들을 가리킨다— 아이들을 보호하려는 마음에, 그리고 보호할 수 있기 때문에 아이들의 인생을 너무 쉽게 만들어 놓는다는 것이다. 아이들이 최고의 삶을 살도록 돕고 싶은 마음은 자연스럽게 생기기 마련이다. 하지만 컬럼비아대학교 수니야 루서Suniya Luther 교수가 진행한 연구 결과에 따르면 유복한 가정의 많은 아이가 바로 이 풍요로움에 갇혀 불안, 우울, 혹은 약물 남용 같은 심리적 고통에 시달리고 있다.[98] 인생은 계획대로 되지 않는 일에 어떻게 대처할 것인지를 배우는 것이다. 장애물을 맞닥뜨린다면 단기적으로는 곤란하거나 고생스럽겠지만 길게 봤을 때는 교훈을 얻을 수 있다.

내가 이 생각에 집중하게 된 계기 하나를 나누고자 한다. 내 첫째 아이 데이비드가 만 세 살이었을 때 일이다. 당시 데이비드는 작은 슈퍼맨 인형을 가장 아꼈는데 종일 그 인형을 가지고 놀고, 자기 전에는 항상 베개 옆에 둘 정도였다. 어느 날 나와 아내는 어린이집에서 데이비드를 데리고 집으로 돌아왔다. 아파트에 도착한 우리는 엘리베이터를 탔고, 데이비드는 슈퍼맨 인형에게 말을 걸며 놀고 있었다. 그런데 엘리베이터에서 내려야 할 때, 데이비드가 실수로 슈퍼맨 인형을 떨어뜨렸다. 날지 못하는 이 슈퍼맨은 엘리베이터 문 사이 틈으로 빠져 깊은 통로 바닥으로 떨어졌다. 그렇게 사라져 버렸다. 엄마도 아빠도 슈퍼맨을 구하지 못했다.

데이비드는 떼를 쓰기 시작했다. 내가 아이를 안고 달래며 입을 열었을 때, 늘 그랬듯 내가 뭐라고 하려는지 아는 아내가 말을 막았다. 나는 이렇게 말하려 했다. "데이비드, 속상해하지 마. 다른 슈퍼맨 인형을 사 줄게. 백 개도 더 사 줄

관계의 안녕

수 있어." 데이비드는 자기 방으로 달려가 계속 울었다. 나는 아내에게 말했다. "왜 말을 막은 거야? 애가 울잖아!" 아내는 이렇게 답했다. "탈, 데이비드가 힘든 일을 마주하는 법을 배울 기회야. 이 기회를 뺏지 마."

아이가 힘든 일을 마주할 기회를 뺏지 않는다. 이것은 내가 배운 가장 중요한 육아 교훈 중 하나이다. 아내 말은 전적으로 옳았다. 그렇게 아이들은(그리고 어른들도) 회복탄력성과 문제 해결력과 창의력을 키운다. 또한 융통성을, 더 정확하게는 유연성을 배운다. 『도덕경』에서는 이상적인 인간을 물에 자주 비유하는데 그 이유 중 하나는 물이 흐르기 때문이다. 노자는 "부드러운 것은 강하다"고 썼다.

운동 기구를 저항이 거의 없는, 가장 쉬운 단계로 설정해 운동하면 아주 편하겠지만 몸은 생각만큼 튼튼해지지 않을 것이다. 이런 방법으로는 안티프래질해질 수 없다. 반대로 능력 이상으로 힘들게 운동하면 부상을 입게 된다. 하지만 때때로 힘들게 운동하고 적절히 회복을 병행한다면 성장하게 될 것이다. 인생도 마찬가지다. 우리는 아이들을 너무 빨리 구하기 위해 급하게 달려든다. 역사상 가장 위대한 교육자 중 한 명인 마리아 몬테소리Maria Montessori는 아이가 스스로 할 수 있는 일을 대신해 줘서는 안 된다고 강조했다.[99] 물론 아이를 위해 아무것도 하지 말라는 뜻은 아니다. 아이가 혼자서 처리할 수 없는 일이라면 부모가 옆에서 도움을 줄 수 있다. 하지만 가능한 한 아이를 최소한으로 돕고 대신 스스로 할 수 있게 돼야 한다.

클레이튼 크리스텐슨Clayton Christensen 교수는 하버드 경영대학원 졸업생들에게 다음과 같이 작별의 말을 건넸다.

여러분의 자식이 마주할 어려움은 중요한 목적을 갖고 있습니다. 이 어려움은 아이들이 성공하는 데 필요한 능력을 연마하고 개발하도록 도울 것입니다. 까다로운 선생님을 상대하고, 운동 경기에서 져 보기도 하고, 교내 파벌이 형성한 복잡한 사회 조직 사이를 항해하는 법을 배우기도 하며 경험이라는 학교를 거치게 될 것입니다.[100]

'어려움 목록'에는 상황에 따라 많은 것이 더해진다. 아이들은 어려운 문제에 도전하며 배운다. 어려움을 극복하며 쌓은 경험은 다른 문제도 더 쉽게 다룰 수 있게 도우며, 성장하며 다른 이들의 모범이 되도록 만들기도 한다.

갈등은 더 좋은 관계를 만든다

어느 헌신하는 관계에서든 갈등은 피할 수 없다. 스트레스를 받는 시기에는 갈등이 평상시보다 더 자주 생긴다. 특히 오랫동안 한정된 공간에서 같은 이들과 계속 지내는 것은 결코 쉽지 않다. 그러나 이 어려움과 동시에 진짜 기회가 찾아온다. 갈등은 관계의 성장에 중요하며 필수적이기까지 하다.

1841년 랠프 월도 에머슨은 우정에 관한 에세이를 발표했다. 그는 친구에게 "양보해 주는 낮짝a mush of concession"을 기대하면 안 된다고 썼다. 즉, 우리가 하는 모든 말에 동의하는 사람을 바라지 말라는 말이다. 대신 "친구가 우리에게 영원히 아름다운 적이 되도록, 그리고 친구를 곧 시시해져서 멀어질 편하고 보잘것없는 존재가 아닌, 길들일 수 없고 열

럴하게 공경하게 되는 존재로 삼도록 하라"라고 했다.[101] 나는 '아름다운 적'이란 표현을 좋아한다. 에머슨에 따르면 아름다운 적은 내게 도전을 제안하고, 나를 밀어붙이고, "진실을 익히는 견습"에 도움을 주는 이다. 아름다운 적과 함께하면 때로는 어려운 일도 있지만 늘 성장 가능성이 생긴다. "편하고 보잘것없는" 경험 대신 의미 있고 불편한 경험을 할 수 있다. 그리고 그 불편함을 무조건 없애려 하지 않으면 우리를 성장시키는 갈등을 경험하게 된다.

'아름다운 적'이라는 개념은 성경 앞부분에서 찾을 수 있다. 창세기에서 하느님은 이렇게 언급한다. "인간이 혼자 사는 것이 좋지 아니하니 내가 그를 위하여 돕는 배필을 창조하겠노라." 여기서 '돕는 배필'은 히브리어 표현인 에제르 케네그도ezer k'enegdo(עֵזֶר כְּנֶגְדּוֹ)를 번역한 것으로, 직역하면 '반대편에서 돕는 자'가 된다. 영어로는 helpmeet라고 번역되는데, 여기서 meet는 훈련할 때 상대편 역할을 하는 athletic meet에 나온 단어로, '맞서다'라는 뜻이다. 바꿔 말하면 helpmeet는 우리가 성장할 수 있도록 우리와 맞서 주는 동반자다. 동반자를 아름다운 적으로 간주하게 되면 관계에서 생기는 갈등도 다른 시각으로 바라볼 수 있다. 불화를 위험한 것이나 반드시 피해야 하는 어두운 요소로 보는 대신 개인으로서 성장하고 관계가 깊어지는 귀중한 기회로 보게 될 것이다.

내 인생을 완전히 바꿔 준 책인『열정적인 결혼 생활 Passionate Marriage』의 저자 데이비드 슈나취David Schnarch 박사는 모든 성공한 관계에는 갈등이 중요한 역할을 한다고 강조한다. 그는 관계를 이루는 모든 커플은 틀림없이 교착 상태에 이르게 된다고 말한다. 교착 상태는 극도의 갈등을 가리킨다. 싸우고, 화해하고, 사랑을 나누고, 다시 사이가 좋아지는 일상적인 다툼을 가리키는 것이 아니다. 교착 상태는 동반자와 핵심 가치 중 하나가 근본적으로 불일치할 때 일어나는 것으로, 동반자가 지닌 뿌리 깊은 믿음이 자신과 반대편에 있다는 사실을 발견하자마자 발생한다. 관계를 막 시작한, 소위 허니문 기간에는 보통 교착 상태에 빠지지 않는다. 그러나 관계가 시작한 지 3년 정도 지나면 불가피하게 교착 상태를 맞닥뜨리게 된다. 대개 다음 네 가지 주제 중 하나를 중심으로 전개된다.

1. 육아. 어떤 방식으로 훈육해야 할까? 관대한 자세로 접근해야 할까, 아니면 더 강압적인 태도가 필요할까? 어느 선에 제한을 둬야 할까? 아이들에게 어떤 기준으로 사교육을 가르칠까? 양육하는 데 종교는 어떤 역할을 해야 할까?

2. 돈. 어디에 돈을 써야 할까? 어려움과 불황이 지속되는 지금 시기에 이렇게 큰 지출을 해도 될까? 배우자가 너무 많이 소비하거나 혹은 살림에 충분히 기여하지 않는다고 생각하는가? 형편에 맞는 지출을 하고 있는가? 충분히 절약하고 있는가?

3. 섹스. 섹스를 얼마나 자주 하는가? 너무 자주 한다거나 혹은 너무 가끔 한다고 여기는가? 어떤 방식으로 섹스를 하는가? 섹스하는 방식이 너무 변태적이거나 혹은 너무 평범하다고 생각하는가? 원하면 다른 사람도 만날 수 있는 관계로 개방하고 싶은가, 아니면 서로 독점하는 관계를 유지하고 싶은가?

4. 가족의 가족. 처가나 시가 가족을 얼마나 자주 초대해야 할까, 아니면 집에 초대 자체를 하지 말아야 할까? 중요한 문제를 결정하는 데 다른 가족의 의견은 어느 정도로 받아들여야 할까? 가족 모임에는 얼마나 자주 참석해야 할까? 일주일에 한 번? 아예 참석하지 않는 게 좋을까?

교착 상태에 빠지게 되면 세 가지 중 하나로 결론이 나기 마련이다. 가장 흔한 결과는 헤어지거나 별거하거나 이혼하는 것이다. 미국의 경우, 부부 중 40~50퍼센트가 이혼으로 끝난다. '우린 서로에게 완벽하다고 생각했어. 하지만 이토록 중요한 문제에 대해 나와 뜻을 같이할 수 없다면 우리는 서로에게 완벽하지 않은 게 분명해'라고 생각하는 것이다. 이혼율이 결혼 4년 차에서 7년 차 사이에 치솟는 이유다. 교착 상태를 처음 경험한 두 사람이 의견 차이를 극복할 수 없을 거라 결론 내리기 때문이다.

교착 상태가 가져오는 두 번째 결론은 계속해서 함께하지만 정말로 함께하지는 않는 상태로 머무는 것이다. 즉, 서로에게 익숙해져서, 종교적인 이유로 이혼은 할 수 없어서, 아니면 자식이나 금전적인 이유 등 외부적인 이유로 헤어지지는 않는 것이다. 하지만 마음으로는 헤어진 상태다.

세 번째 결론은 교착 상태에서 함께 성장하는 것이다. 다투고, 이견을 보이고, 충돌한다. 하지만 시간이 지난 후—일주일이든 한 달이든 반년이든— 결국은 나아지는 것이다.

어떻게 하면 안티프래질한 세 번째 결론을 맺고 교착 상태에서 성공적으로 빠져나갈 수 있을까? 우선은 애를 써야 한다. 상황에 순응하는 대신 자신을 믿고, 자기 필요와 욕구를 무시하는 대신 상대에게 정중히 표현해야 한다. 이렇게 버티면서, 상대의 필요와 욕구를 이해하려고 노력하며 관계를 지탱해야 한다. 상대가 기분 좋아지도록 행동하는 것이—상대의 마음을 헤아리고 상대 역시 알아서 내 마음을 알아 주기를 바라는 것이— 해결책은 아니다. 그 대신 '상대를 알고 상대에게 나를 알려야' 한다. 서로를 더 잘 알게 되면 즉, 서로의 약점과 강점과 두려움과 꿈을 알게 되면 친밀감이 형성된다. 그리고 친밀감은 사랑, 열정, 연민으로 이어진다.

진정으로 상대를 알고, 자신을 알리려는 태도는 위험을

감수하겠다는 뜻이다. 배우자의 부모와 문제가 생겼다고 가정해 보자. 배우자가 부모를 얼마나 아끼는지 알기 때문에 그 문제에 관해 이야기하고 싶지는 않지만, 그냥 넘어가자니 속상하다. 결국 가능한 한 상대를 이해한다는 자세로 말을 꺼낸다. 마음 아픈 갈등이 생길 수도 있으나 아무 말도 하지 않는다면 불행은 확실하다고 봐야 한다.

관계 초기에는 불편한 주제를 피할 수도 있다. 새로운 관계에 들떠 있을 땐 문제가 생겨도 사이를 지탱할 수 있으니 말이다. 하지만 얼마 지나면 혼자 버티는 것으로는 한계가 있고, 문제를 덮어 두는 것만으로는 해결되지 않는다는 사실을 알게 된다. 해결되기는커녕 문제는 점점 심해지고 부부는 무너지며 관계는 붕괴한다.

모든 교착 상태가 해결되었다고 더 깊은 관계로 이어지는 것은 아니다. 특정 문제에 관한 이견은 절대로 좁혀지지 않고 따라서 함께하지 못하는 커플도 있다. 그렇게 된다고 해도 괜찮다. 하지만 대부분의 경우 교착 상태는 더 나은 개인이 되도록 배울 수 있고, 관계를 성장시키는 기회가 된다. 관계를 개선하려고 진심으로 마음을 열고 소통한다면 해결책을 찾고 교착 상태를 극복할 수 있다. 한 동반자가 다른 동반자를 설득하든, 서로 한 발짝씩 물러나든, 양쪽 다 원원할 수 있는 새로운 방법을 만들어 내든 말이다.

사소한 불일치든 완전한 교착 상태든 갈등을 경험하면 관계의 면역 체계를 구축할 수 있다. 그에 비해 갈등을 피할 수 있는 무균 환경에서는 중요한 항체가 생기지 않는다. 따라서 관계가 무르익는 것은 둘째 치고 일단 살아남기를 바란다면 선택의 여지는 없다. 갈등을 극복해야 한다. 자신이 중요하게 여기는 문제를 솔직한 자세로 꺼내자. 그렇게 한다면 결국에는 당신에게도, 동반자에게도, 관계에도 이득이 된다.

"의견이 일치하지 않는다고 해서 반드시 그 상대와 맞지 않는다는 뜻은 아니다." 데이비드 슈나취의 이 설명을 이해하고 나니 나와 배우자의 관계도 변화했다. 아내와 함께한 지 10년이 됐을 때였다. 나는 서로가 운명이라고 생각했다. 하지만 우리는 교착 상태에 빠졌고, 갑자기 두려움과 불안에 사로잡혔다. '어떻게 된 거지? 아내가 내 운명이라고 확신했는데 이토록 중요한 문제에 관해서 의견이 매우 다르잖아. 우리에게도 끝이 온 걸까?' 그때 나는 『열정적인 결혼 생활』

을 읽었고 관계가 끝난 게 아니라는 사실을 깨달았다. 우리 관계에는 잘못된 것이 없었다. 전부 괜찮았다. 자연스럽게 진화하고 있을 뿐이었다. 그에 따르면 "결혼은 우리가 예상하는 것보다 훨씬 큰 강도와 압박에 맞춰 작동한다. 그 정도가 매우 커서 부부는 노력할 때가 된 것을 이혼할 때라고 잘못 간주한다." 아내와 나는 노력하기 시작했고 이후 찾아온 몇 번의 교착 상태에서도 벗어나 성장할 수 있었다. 교착 상태에 놓이면 두려워진다. 위기에 노출되면 위험에 취약해지기 때문이다. 하지만 큰 갈등을 거치고 나면 다음에 오는 갈등은 상대적으로 더 쉽게 느껴진다(즉, 절대적으로 쉽다는 소리는 아니다). 갈등에서 연상되는 두려움이 적어지기 때문이다. 갈등으로부터 살아남을 수 있다는 사실을 이미 알고 있기 때문에 희망을 품고 상대를 대할 수 있다.

갈등을 이길 확실한 방법은 없지만 열린 마음과 진정성이 자리 잡을 조건을 마련한다면 해결 가능성은 커진다. 갈등의 크기에 상관없이 위기 상황에서 명심하면 좋을 몇 가지 전략을 추가로 소개한다.

1. 곰곰 생각한다. 관계에서 한 발짝 물러나 깊게 생각해 보기만 해도 도움이 된다. 누군가와 상담하든 일기를 쓰든 말이다. 실적이 좋은 기버들은 자신에게도 베푼다는 점을 기억하자. 관계에 대해 생각하는 방법 중 하나는 이렇게 선언하는 것이다. "혼자서 생각을 정리하고, 상황을 판단하고, 앞으로 어떻게 할지 고민할 시간이 필요해."

2. 상대의 말을 듣고 공감한다. 나의 주장과 선입견은 잠깐 옆으로 치워 두고 동반자의 말을 진정으로 듣고 받아들인다. 대화에서 벗어나거나 상대의 말을 끊고 내 입장을 표현하고 싶은 마음을 참는다. 상대가 신경 쓰는 부분을 사소하다고 간주하지 않는다. 『가족 심리학 저널Journal of Family Psychology』에서 최근 발표한 연구에 따르면 "동반자가 스트레스를 표현할 때 주의 깊게 듣는 자세는 더 나은 대응과 더 높은 만족감으로 연결된다."[102] 동반자의 말을 진심으로 경청하고 상대의 관점을 이해하려고 노력하는 태도는 상대에게 공감의 신호를 전달하고, 동시에 공감을 강화하는 역할을 한다.

3. 긍정적으로 반응한다. 세계에서 손꼽히는 관계 연구자 중한 명인 워싱턴대학교의 심리학자 존 가트맨John Gottman은 부부 수백 쌍을 인터뷰한 후 그들이 나눈 대화를 분석했다. 그 결과 상대를 존중하는 긍정적인 대화는 성공적인 결혼 생활의 핵심임이 분명히 드러났다. "단순하게 들릴지 모르겠지만 내 모든 연구 결과를 소금 통에 비유해 요약할 수 있겠다. 소금 통에 소금 대신 모든 종류의 긍정적인 대답을 채운후 대화에 뿌리는 것을 좋은 관계라고 보면 된다. '맞아', '좋은 생각이야', '그래, 잘 지적했어, 그렇게 생각해 보지 못했네.' 위기를 맞은 관계의 소금 통은 부정할 수 있는 온갖 말로 채워져 있다." 가트맨은 이어서 좋은 관계는 긍정 비율이 5:1이라고 말한다. 즉, 한 번 의견이 일치하지 않거나 갈등이 생기거나 화가 나거나 실망할 때마다 칭찬하든 애정을 담은 문자를 보내든 미소, 포옹, 키스를 나누든 해변을 걸으며 낭만적인 시간을 보내든 사랑을 나누든 둘만의 저녁 식사를 하든, 긍정적인 행동을 다섯 번 해야 풀린다는 것이다. 갈등은 피할 수 없고 앞서 살펴본 것처럼 중요하기도 하니 훨씬 더많은 긍정적인 경험으로 보완해야 한다.

관계의 안녕

4. 친절하게 대하자. 친절한 태도는 긍정 비중을 높이는 중요한 방법이다. 친절하면 된다니, 간단하게 느껴질지도 모른다. 하지만 우리는 동반자에게 자주 화를 내거나 그의 의견을 무시하지 않는가? 관계는 기본적인 예의와 존중을 딛고 성장한다. 그럼에도 가장 가까운 사람들에게 무례하거나 적대적으로 대하는 이가 많다. 이러한 태도는 동반자에게 부당할 뿐 아니라 관계에 해롭다. 의견이 충돌하는 중에도 동반자에게 친절하게 대하려면 어떻게 해야 할까? 친절한 몸짓 하나만으로도 긴장을 풀기에 충분하며 문제를 해결하는 방향으로 나아갈 수 있다.

5. 자신을 돌본다. 규칙적으로 운동하거나 명상하거나 밤에 잘 자거나 짬을 내어 음악을 듣거나 독서에 빠지는 등 에너지를 채우고 회복에 도움 되는 일을 한다. '이런 행동이 관계랑 무슨 상관이지?'라며 의아해할 수도 있겠지만 회복이 상향 나선을 위한 기폭제가 된다는 점에서 관계의 안녕과 큰 상관이 있다. 예를 들어 운동하면 뇌에서 기분이 좋아지는 화학물질을 내보낸다. 기분이 좋으면 배우자나 아이를 더 인

내심 있게 대할 수 있다. 마찬가지로 명상하며 회복하는 시간을 보내면 마음을 더 열 수 있고 너그러워지며 소중한 사람을 더 상냥하게 대할 수 있다. 그렇게 되면 관계는 나아진다. 자신에게서 시작해 바깥으로 확장하는 움직임이다.

데이비드 슈나취는 감정적으로 헌신하는 관계를 "사람이 성장하는 관계"라고 묘사한다. 이 묘사는 배우자나 연인 간의 관계뿐만 아니라 아이와 부모 간의 관계에도 해당한다. 하지만 성장은 자동으로 이루어지지 않는다. 특히 스트레스가 쌓이는 시기라면 관계 자체는 물론 관계를 형성하는 개인 역시 쉽게 기운을 잃는다. 어떤 일이 있어도 관계가 안티프래질해지고 성장하려면 갈등으로 인한 긍정적인 변화가 있어야 한다. 상대를 이해하고 상대에게 자신을 알리는, 상대의 말을 듣고 상대에게 자신을 표현하는, 남에게 베풀고 자신에게도 베푸는 시간을 마련해야 한다.

～ 행복 공부하기 관계의 안녕 ～

행복 수준을 확인하기 위해 행복 공부의 3단계인 점수 매기기, 설명하기, 처방 내리기를 관계의 안녕에 초점을 맞춰 실행해 본다. 다음과 같이 질문하고, 관계의 안녕을 어느 정도로 경험하는지 1부터 10 사이의 점수를 매긴다.

행복 수준 질문

□ 가족이나 친구와 행복한 시간을 보내는가?
□ 주변 사람들과 깊은 관계를 맺는가?
□ 자신을 충분히 돌보는가?
□ 남에게 베푸는가?

점수를 매겼다면 왜 이 점수를 줬는지 설명한다. 그런 다음에 우선은 1점 더 올릴 수 있는 방법 중 하나를 골라 처방을 내린다.

행복 처방전

□ 소중한 사람과 함께 보내는 시간 마련하기
□ 조금 더 친절하게 행동하고 조금 더 베풀기
□ 나 자신을 돌보지 못하고 있다면 남을 돕는 데 들이는 시간을 줄이기
□ 아름다운 적인 친구의 존재를 감사하게 여기기

자신에게 내린 처방을 잘 지키고 있는지 매주 확인한다.

Emotional
Wellbeing

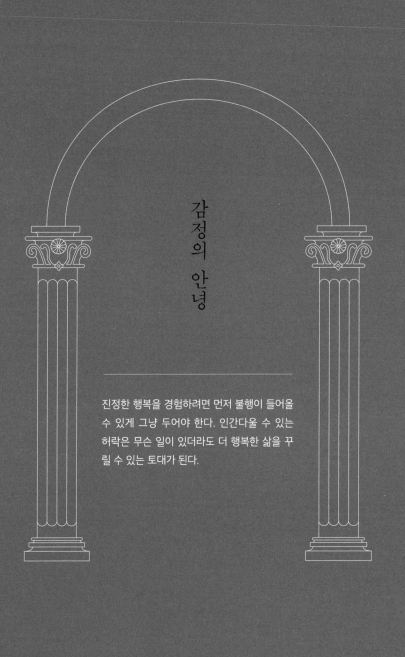

감정의 안녕

진정한 행복을 경험하려면 먼저 불행이 들어올 수 있게 그냥 두어야 한다. 인간다울 수 있는 허락은 무슨 일이 있더라도 더 행복한 삶을 꾸릴 수 있는 토대가 된다.

당신의 기쁨은 가면을 벗은 당신의 슬픔이다.

당신의 웃음소리가 솟아 나오는 우물은

종종 당신의 눈물로 가득 차 있다.

그렇지 않다면 뭐로 채워져 있겠는가?

슬픔이 당신의 존재에 깊게 새겨질수록

당신은 더 많은 기쁨을 담을 수 있다.

– 칼릴 지브란Kahlil Gibran, 『예언자The Profet』

내가 긍정 심리학을 막 가르치기 시작했을 때, 학생 여덟 명만 수강 신청을 했다. 첫 수업 후 두 명이 수강 철회를 했다. 따라서 남은 건, 부서진 자존심뿐이었다.

하루는 학부생 기숙사 건물에서 점심을 먹는데 내 수업을 듣지는 않았지만 알고 지내는 학생 한 명이 다가와 물었다. "탈 선생님, 같이 앉아도 될까요?" 나는 답했다. "그럼."

학생은 앉더니 이렇게 말했다. "행복에 관한 수업을 맡으셨다면서요." 나는 답했다. "맞아. 긍정 심리학 수업이야."

학생은 재빨리 덧붙였다. "그게 말이죠, 제 룸메이트가 선생님 수업을 듣고 있거든요. 그러니 조심하셔야겠어요."

"조심하라고? 왜?" 내가 물었다.

"선생님이 조금이라도 불행한 모습을 보이면 제가 그 친구한테 알려줄 거니까요." 학생이 답했다.

다음 날 수업에서 나는 남은 학생 여섯 명에게 이 대화를 언급했다. "내가 늘 행복할 것이라거나 이번 학기가 끝나면 여러분이 한결같이 두근대는 상태일 거라고 생각해서는 절대로 안 됩니다." 그 학생의 발언에 숨겨진 가정은—행복한 삶에 슬픔 등 다른 불쾌한 감정은 존재하지 않는다는 추측은— 매우 흔하다. 사실 슬픔, 분노, 실망, 질투, 불안 같은 고통의 감정을 경험하지 못하는 사람은 두 부류뿐이다. 첫 번째는 사이코패스다. 사이코패스는 인간이라면 겪는 감정의 일부를 느끼지 못한다. 그것이 그들의 한계다. 두 번째 부류는? 죽은 사람들이다.

따라서 고통스러운 감정을 경험하고 있다면 이는 좋은 신호다. 당신이 ① 사이코패스가 아니며 ② 살아 있다는 뜻이니 말이다.

얼마 지나지 않아 나는 처음으로 '인간다울 수 있는 허락'이라는 개념을 떠올렸다. 그리고 그때부터 이 개념을 '더 행복한 삶'의 주춧돌로 보기 시작했다. 이 허락은 얼마나 고통스럽든 감정이라면 전부 느껴도 좋다는 의미이다. '나는 지금 이런 감정을 느끼고 있고, 그래도 괜찮아'라며 인정하고 허락하는 것이다. 혹은 가수 데미 로바토Demi Lovato의 노래 가사처럼 "괜찮지 않아도 괜찮다It's OK not to be OK"는 말이다.

인간다울 수 있음에는 큰 병에 걸릴지도 모른다는 두려움을 느끼도록 허락하는 것도 포함돼 있다. 일자리를 잃을까 봐 불안해하는 마음도 괜찮다. 아이들이 학교에서 뒤처지고 있다는 걱정, 사랑하는 사람이 아프다는 상심, 여행할 수 없다는 실망감, 사는 동네에 언제 화재나 수해가 일어날지 모른다는 불확실성, 친구와 연락이 끊겨서 생긴 슬픔, 전 배우자가 매우 잘 지내는 것 같아 느끼는 질투, 수없이 지적했지만 이 집에는 식기세척기에 그릇을 제대로 넣을 줄 아는 사람이 나밖에 없는 것 같아 밀려오는 짜증, 이유가 무엇이든 '이럴 줄 몰랐어'라는 반응을 일게 하는 분노 등. 이런 감정이라도 생기는 대로 받아들이고 흘러 나가도록 두는 편이 낫다.

우리는 대체로 여러 감정을 전부 똑같이 취급하지 않는다. 기분 좋은 감정은 환영하면서도 고통을 주는 감정은 들어오지 못하게 막으려고 한다. 고통을 주는 감정이 흔히 **부정적인** 감정이라고 불린다는 사실 자체가 고통과 관련된 감정을 향한 해로운 태도를 보여 준다.

특히 소셜 미디어가 삶을 지배하는 오늘날의 문제 중 하나는 나를 제외한 모든 이가 늘 멋진 삶을 살고 있다고 가정하게 된다는 것이다. 남들은 항상 희열을 만끽하거나 대체로 훌륭하게 잘 지내는 것 같은데 나만 괜찮게 지내지 못하는 열외자가 된 기분이 든다. 하지만 비정상적으로 보이고 싶지 않기 때문에 슬픔을 숨기고 불안과 두려움도 감춘다. "**어떻게 지냈어?**" 하는 물음에 "**나야 잘 지내지. 넌?**"이라고 대답하면서. 행복의 가면을 쓰겠다는 우리의 결심은 궁극적으로는 문제를 더 키운다. 우리는 점점 더 많은 부분에서 자신을 속이고, 심한 우울증에 빠진다.

첫째 아이 데이비드가 태어났을 때 소아과 의사가 우리 부부에게 귀중한 조언을 해 주었다. 출산 몇 시간 후, 의사는 우리 병실로 와 아내와 아기를 진료했다. 둘 다 괜찮은 것을 확인한 그는 이렇게 말했다. "앞으로 몇 달은 온갖 감정을 느낄 겁니다. 때로는 극에 달할 정도로 다양한 감정이 몰려올

감정의 안녕

수도 있어요. 기쁨과 경이로움, 실망과 분노, 행복과 짜증을 느끼게 될 겁니다. 정상적인 현상이에요. 우리 모두가 겪는 일이죠."

부모가 되고 첫 몇 달간 들은 조언 중 최고였다. 신생아와 한 달을 갇혀 지내다시피 했더니 아들이 부러워질 정도였기 때문이다. 아내와 함께한 이후 처음으로 나보다 아내의 관심을 더 많이 받는 존재가 나타났다. 내가 아무리 지치고 수면이 부족하고 녹초가 된 상태든, 내게 얼마나 아내가 필요로 하든 데이비드가 먼저였다. 소아과 의사가 그 이야기를 해주지 않았더라면 나는 속으로 이렇게 생각했을 것이다. '세상에, 난 참 끔찍한 아빠구나. 네 아들을 질투해? 정말 역겹다.' 하지만 마음 한구석에 내게 인간다워도 된다고 허락하는 의사의 목소리가 들렸다. "정상적인 현상이에요. 우리 모두가 겪는 일이죠." 의사의 조언 덕에 나는 질투심을 흘려보낼 수 있었고 5분 후 감정은 조용히 사라졌다. 나는 다시 열린 마음으로 아들을 사랑할 수 있었다.

거부할수록 감정은 더 강해진다

한 가지 모순이 있다. 고통을 주는 감정을 거부하면 감정은 강해진다. 다시 거부하면 감정은 더 커지고 우리를 더 심하게 공격한다. 반면에 고통스러운 감정을 인정하고 받아들이면 이 감정은 오래 머물지 않는다. 문득 우리를 찾아온 것처럼 문득 떠나 버린다.

가장 고통스러운 감정으로 볼 수 있는 비통함을 예로 들어 보자. 연구에 따르면 비통함을 겪는 사람은 대략 두 집단으로 나뉜다. 하나는 강인하다고 여겨지는 사람들이다. 누군가를 잃으면 이들은 이렇게 마음먹는다. "난 강해질 거야. 이 일을 잘 이겨 낼 거야. 난 무너지지 않아." 이들은 씩씩한 표정을 짓고 혼자 힘으로 일어나 삶을 이어 나간다. 덜 강인하

　　　　　　　　　　　　　　　　감정의 안녕

다고 여겨지는 다른 집단은 이렇게 말한다. "나한테 일어난 일 중 최악이야. 어떻게 극복해야 할지 모르겠어." 이들은 울고, 계속해서 떠들며 감정을 발산한다. 무너지기도 한다.

외부에서 두 집단을 관찰한다면 첫 번째 집단에 대해 이렇게 생각할 수 있다. '와, 정말 잘 견디네.' 두 번째 집단을 보고는 이렇게 생각할지도 모른다. '걱정되네. 잘 극복해서 괜찮아졌으면 좋겠다.' 하지만 연구 결과는 1년 이상 지난 후엔 두 번째 집단이 첫 번째 집단보다 훨씬 나은 상태에 있을 거라고 암시한다. 두 번째 집단은 스스로 인간다울 수 있도록 허락하므로 비통함이 자연스럽게 흘러가기 때문이다.

비통함이든 불안이든 질투든 왜 이런 과정을 거치게 될까? 고통스러운 감정은 왜 포용하면 가라앉고 거부하면 더 강해질까? 이를 설명하는 간단한 실험이 있다. 지금부터 10초간 분홍색 코끼리를 생각하지 '않기로' 하자. 내가 어떤 코끼리를 가리키는지 알 것이다. 만화영화 〈덤보Dumbo〉에 나오는 분홍색 코끼리 말이다. 자, 2초간 절대 이 분홍색 코끼리를 떠올리지 않아야 한다.

하지만 당신이 분홍색 코끼리를 떠올렸을 거라는 강한 예감이 든다. 어떤 구절을 반복해서 말하면 우리는 그 내용을 자꾸 생각하게 된다. 게다가 '생각하지 말아라'라는 말을 듣거나 생각을 억누르려고 하면, 그 장면이 더 떠오르기 마련이다. 이는 우리의 본성이다. 심리학자 대니얼 웨그너Daniel Wegner가 역설적 과정 이론Ironic process theory의 일부로 설명한 이 현상은 고통스러운 감정에도 적용된다.103 감정은 거부하면 거부할수록 더 강해지고 더 오래 지속된다.

우리가 느끼는 감정은 만유인력의 법칙처럼 자연스러운 현상이다. 어느 날 아침 일어나 이렇게 말한다고 생각해 보라. '이제 만유인력의 법칙은 지겨워. 중력은 거부할래!' 정말로 중력을 거부할 수 있다면 어떻게 될까? 우선 넘어질 것이다. 높은 건물에 살거나 등산한다면 생존하지 못할 것이다. 생존한다고 해도 낙담할 일이 계속 생길 것이다. 그러니 당연하게도 우리는 중력을 거부하지 않는다. 중력을 받아들이고, 중력을 이용해서 놀이를 만들어 내기도 한다. 올림픽에서 중력 없이 창 던지기 시합이나 높이뛰기를 한다고 상상해 보자. 의미가 없을 것이다.

하지만 고통과 관련된 감정은 이렇게 다루지 않는다. 만

감정의 안녕

유인력의 법칙이 물리적 특성의 일부인 것처럼 감정이 인간적 특성의 일부라는 사실을 외면한다면, 큰 대가를 치르게 된다.

강의를 처음 맡게 되었을 때 가장 곤혹스러웠던 점은 내가 내성적이라는 사실이다. 대면이든 비대면이든 많은 사람 앞에 서면 나는 굉장히 긴장한다. 처음에는 수업 준비를 하면서 이렇게 되뇌었다. '탈, 긴장하지 마! 불안해하지도 마!' 어떻게 됐을까? 나는 더 긴장했다. 심장은 빠르게 뛰고 손바닥과 이마에는 땀이 맺혔다. 온갖 생각이 들었다. 주위를 맴도는 분홍색 코끼리는 늘어났다. 반면 내가 인간다울 수 있도록 허락했더니 ― 불안을 밀어내기보다 받아들였더니 ― 긴장을 주는 감정들도 결국 사그라들었다. 요즘도 수업 전에는 여전히 살짝 긴장하지만 '탈, 긴장하지 마'라고 속삭이는 대신 '와, 난 사이코패스가 아니고 살아 있어서 이런 감정을 느끼는 것이니 참 감사하네'라고 생각한다. 그렇게 하면 대부분의 경우, 날 붙잡던 불안은 사라지고 그 자리에 들뜬 마음이 들어선다.

빅터 프랭클의 역설적 의도 이론Theory of paradoxical intentions

은 웨그너의 역설적 과정 이론을 한 단계 더 발전시킨다. 고통스러운 감정의 흐름에 개입하지 말아야 할 뿐만 아니라 감정을 북돋아야 한다는 주장이다. 예를 들어 긴장하고 싶지 않다면 자신에게 이렇게 말하는 것이다. '더 긴장해야 해. 긴장 에너지가 부족하잖아. 어서 더 긴장하자!' 흥미롭게도 긴장을 재촉하면, 다시 말해 긴장을 느낄 수 있도록 자신을 허락하면 감정은 약해지기 마련이다.

다른 모순도 작용한다. 우리가 고통스러운 감정을 거부하거나 피하면 그 감정이 더 강해진다는 문제만 있는 것은 아니다. 특정한 감정을 거부하거나 피하면 기분 좋은 감정마저도 경험하지 못하게 된다. 유쾌하든 고통스럽든 우리가 느끼는 모든 감정은 같은 관을 통해 흐른다. 따라서 고통스러운 감정을 거부하거나 제지하면, 기분 좋은 감정이 자유롭게 흐르는 것 역시 차단된다. 결과적으로 스스로 모든 종류의 감정을 경험하지 못하도록 막는 셈이다. 질투를 막으면 본의 아니게 사랑도 막게 된다. 불안을 제한하면 신남 역시 제한된다. 슬픔을 억누르면 기쁨이 자유롭게 흐르는 것도 방해받는다. 고통스러운 감정과 즐거운 감정은 하나의 연속체 양끝에 있다. 같은 동전의 양면이다. 1969년부터 1974년까지 이스라엘 총리직을 맡은 골다 메이어Golda Meir의 말을 빌리자면, "온 마음을 다해 우는 법을 모르는 사람은 웃는 법도 모른다."

고통은 두 가지 단계를 거친다고 볼 수 있다. 첫 번째는 분노, 슬픔, 실망, 불안 등을 저절로 경험하는 단계로, 우리모두가 때때로 자연스럽게 겪게 된다. 이는 발표를 앞두고있다거나, 위험한 일이 생길 것 같다거나, 수입이 끊겼거나, 사랑하는 사람을 잃었거나 등 고통스러운 감정 반응을 일으키는 무수한 사건 때문에 일어난다. 고통의 두 번째 단계는첫 번째 단계와 싸울 때 가해진다. '화내면 안 돼!', '불안해해서는 안 돼!' 아니면 '질투하면 안 돼!'라고 자신에게 말하며 감정과 싸우면 고통은 더 심해진다. 『도덕경』에서는 만족스러운 삶을 살려면, 흐름에 맞서는 대신 흐름에 따르고 자연의 방식에 맞추어야 한다고 말한다.

첫 번째 단계는 인간으로서 피할 수 없지만 두 번째 단계는 우리에게 선택권이 있다. 감정을 받아들이면 감정을 부정할 때 더해지는 고통에서 벗어날 수 있다. 자신이 인간다울 수 있도록 허락하면 고난에 대처하는 능력이 강화되고, 고통스러운 감정 앞에서 유연해지며, 즐거운 감정도 받아들이는 자세를 취하게 된다. 더 안티프래질해지는 것이다.

고통스러운 감정을 인간답게 받아들이도록 허락하는 구체적인 방법 세 가지를 제시한다.

1. 운다. 눈물을 흘린다. 수문이 열리도록 놔둔다. 혼자 방에 틀어박혀 엉엉 울고 싶다면 그렇게 하자. 우는 행동에는 자기 위로 효과가 있다. 울면 기분이 좋아지게 만드는 호르몬인 옥시토신, 그리고 슬픔과 스트레스를 감소시키는 오피오이드 성분의 일부가 나온다.[104]

2. 고통스러운 감정에 관해 말한다. 어떤 방식으로든 친구를 만나 이야기를 나눈다. 같은 집에서 사는 사람 중에 깊은 대화를 나눌 사람이 있다면 더욱 좋다. 감정을 억압하기보다는 표현하고, 담아 두기보다는 공유한다. 신뢰하는 친구나 심리 상담사에게 지금 겪는 어려움이나 도전할 일에 관해 이야기하는 것만으로도 긴장이 풀리고 기분이 나아진다.[105]

감정의 안녕

3. 감정에 관해 쓴다. 이미 겪었거나 겪는 중인 힘든 일에 관해 10분 이상 기록한다. 당시 어떤 느낌이었는지, 지금은 기분이 어떤지, 그때는 무슨 생각을 했고 지금은 어떤 생각이 드는지 적는다. 문법이나 문장 구조는 신경 쓰지 말고, 적는 내용이 말이 되는지조차 상관하지 않아도 된다. 어차피 나만 보는 글이니 머리와 마음에 떠오르는 것이라면 무엇이든 무작정 써 본다.

텍사스대학교에서 심리학을 가르치는 제임스 페니베이커James Pennebaker 교수는 꾸준히 쓰는 일기가 얼마나 큰 영향을 미치는지 증명한 바 있다.106 페니케이커가 진행한 연구에서 참가자들은 나흘간 매일 20분씩 힘들었던 경험에 관해 글로 쓰는 활동을 했다. 페니베이커는 많은 결과를 측정했는데, 그중 참가자들의 불안 수준도 포함되었다. 어떤 결과가 나왔을까? 일기를 처음 쓰기 시작할 때는 참가자들의 불안 수준이 상승했다. 이는 과거에 있었던, 이제는 잠재의식 어딘가에 묻힌 일을 끄집어내야 했기 때문이었을 것이다. 처음 결과를 확인한 페니베이커는 이 연구로 참가자들이 상처받고 있다고 우려했다. 하지만 같은 주에 참가자들의 불안 수준은 빠르게 내려갔다. 그리고 연구를 시작했을 때보다 낮게 떨어졌다. 이 상태는 **1년 뒤에도** 지속됐다. 80분간 이루어진 개입은 참가자들의 안녕에 지속적이고 긍정적인 영향을 미쳤다.

나는 모두가 시간을 내서 꾸준히 경험에 관해 일기를 써 보길 권장한다. 같은 내용을 반복해서 쓰게 된다고 해도 나쁜 일은 아니다! 비슷한 사건이나 감정을 계속해서 기록하고 있다고 해도 사실은 진전하는 중이니 안심하길 바란다. 이렇게 생각하면 된다. 피아노 치는 법을 어떻게 배우는가? 실력은 어떻게 나아지는가? 반복해서 연습해야만 한다. '좋아, 딱 한 번 만에 이 어려운 곡을 연주해 보겠어'라며 피아노 연습을 하는 사람은 없을 것이다. 한 가지 곡을 완전히 파악해 건반 위에 옮기려면 연습하고 또 해야 한다. 마찬가지로 때로는 힘들었던 경험에 관해 여러 번 써 봐야 내가 무엇을 겪었는지 완전히 이해하고 소화할 수 있다.

2020년 3월, 코로나바이러스의 초기 공격에 대응하기 위해 집에 갇힌 채 격리해야 했던 혼란스럽고 어수선했던 몇 주

감정의 안녕

간, 나는 시에서 큰 위안을 얻었다. 이 힘든 시기를 견디기 위해 우리 가족은 일과에 몇 가지를 더했다. 그중 하나는 매일 밤 다 같이 시 한 편 읽기였다. 처음에 읽은 시는 13세기 수피교 시인 루미Rumi의 「여행자의 집The Guest House」이었다. 이 시에서 루미는 손님을 집으로 맞이하는 것처럼 열린 머리와 마음으로 어떤 감정이나 생각이 들든 맞이하라고 한다. "무엇이 찾아오든 감사하라." 가족이 함께 하든 혼자서 하든, 시 읽기는 굉장한 위안을 줄 수 있다. 시는 힘든 시기에 읽는 사람을 숙고하게 하는 적절한 매개체이다. 날것의 경험과 감정을 검열하지 않은 침착한 언어로 다루고 묘사하기 때문이다.

진정한 행복을 경험하려면 먼저 불행이 들어올 수 있게 그냥 두어야 한다. 인간다울 수 있는 허락은 무슨 일이 있더라도 더 행복한 삶을 꾸릴 수 있는 토대가 된다.

모든 감정을 능동적으로 인정하기

모든 감정을 받아들이라는 말이 체념하라는 뜻은 아니다. 어쩔 수 없다는 듯 양손을 들고 "지금 난 슬프고 화가 나. 이렇게 있을 수밖엔 없어. 지금처럼 사는 건 고역이야"라고 선언하는 것이 아니란 말이다. 대신 **능동적으로 인정하기**를 추천한다.

능동적으로 인정하기란 감정을 받아들이고, 이어서 가장 적합한 행동 양식을 택하는 것이다. 만유인력의 법칙을 받아들이는 데 아무런 문제가 없는 것처럼 고통스러운 감정을 경험하는 것에도 아무런 문제가 없다. 둘 다 자연스러운 현상이다. 다만 이런 질문이 생긴다. 이 자연스러운 현상에 우리는 어떻게 대응해야 할까? 중력에 몸을 맡기고 그냥 쓰러져야 할까, 아니면 사다리, 대교, 비행기 등을 발명해 적극적으로 사용해야 할까? 고통에 굴복해야 할까, 아니면 적절한 행동을 취해야 할까?

결국 행동은 감정을 능가한다. **우리가 무엇을 하느냐가 무엇을 느끼느냐보다 더 중요하다.** 예를 들어 자식이나 절친한 친구를 질투한다고 해서 내가 나쁜 아빠나 나쁜 친구가 되는 것은 아니다. 질투가 기분 좋은 감정은 아니지만, 질투를 느낀다고 해서 부도덕한 것은 전혀 아니다. 그저 질투를 느낄 뿐이다. 하지만 질투를 행동으로 옮겨 아이나 친구를 해친다면 완전히 다른 이야기가 된다.

앞에서 언급한, 고통스러운 감정을 거부하면 감정이 우리를 더 지배하게 된다는 모순에는, 감정을 받아들이면 이어지는 행동을 우리가 더 잘 통제할 수 있게 된다는 사실도 포함된다. 자신이 두려움을 느끼고 있다는 사실을 모른척하는 사람은 용기 있게 행동할 가능성이 낮다. 다른 이에게 화났다는 사실을 모른척하려는 사람은 결국 분노로 폭발할 가능성이 크다. 반면에 두려움을 인정하는 사람은 아마도 당당히 일어나 대담하게 행동할 것이다. **용기는 두려움 없는 것이 아**

니라 두려움이 있어도 앞으로 나아가는 것이다. 인간이기에 생기는 분노를 받아들이는 사람은 다른 이들에게도 더욱 관대하고 호의적으로 대한다.

지금 건강 문제 등으로 불안하다고 가정해 보자. 속으로 '불안해할 필요는 없어' 혹은 '걱정하지 말자'라고 생각한다면 어떻게 되는지 이제는 알 것이다. 걱정과 불안은 더욱 커지고 곧 모든 에너지를 소모해 공황에 빠지게 된다. 한편 '바이러스 때문에 여전히 불안하고 걱정돼'라고 인정하거나 간단하게 '난 인간이야'라며 어수선하게 올라오는 감정을 그대로 두면 자신이 할 수 있는 가장 적절한 행동이 무엇인지 고민하고 선택할 수 있다.

나는 내가 느끼는 감정이 아니다

지금 느끼는 감정의 관찰법을 배운다는 건 자신이 인간다울 수 있도록 허락해 주는 중요한 요소이며, 따라서 감정을 치유하는 답이 된다. 관찰을 통해 우리가 무엇을 느끼든 감정과 자신을 구분할 수 있게 되며 '내가 느끼는 감정이 곧 자신이다'는 생각에서 '내가 어떤 감정을 느끼고 있다'라고 인식을 바꾸게 된다. 사물을 보는 것처럼 우리의 감정을 바라보자. 우리가 불꽃이나 숨결, 돌멩이가 아닌 것처럼 우리는 감정이 아니라는 사실을 깨달을 수 있다.

이는 사소한 문제나 단순한 말장난이 아니다. 감정을 말할 때, '난 슬퍼' 혹은 '부럽다'처럼 자신을 감정과 합쳐서 동일하게 표현하면 감정이 저절로 흐르도록 내버려 두기가 더 어려워진다. 대신 시각을 바꿔 각각을 '난 슬픔을 느껴', '질투심이 생겼어'로 표현하면 감정으로부터 자유로워지기가 훨씬 쉬워진다. 나는 감정과 합쳐진 것이 아니기 때문이다. 우리는 감정과 한 몸이 아니기 때문에 감정을 흐르게 둔다고 해서 우리의 정체성을 놓아 버릴 일도 없다.

'관계의 안녕' 장에서 설명한 것처럼 단어는 세계를 만들어 낸다. 우리가 사용하는 언어는 우리가 생각하고 느끼고 행동하는 방식에 영향을 준다. 사용하는 단어를 바꿔, 나는 '내가 느끼는 감정'이 아니라 '어떤 감정을 느끼는 중'이란 사실을 분명히 해야 한다. 머리가 아플 때 **'나는 두통이다'**라고는 하지 않는다. 대신 **'나는 두통을 느낀다'**라고 말한다. 마찬가지로 슬픔이나 부러움이나 다른 감정 역시 느낀다고 표현해야 한다.

그렇다면 우리가 경험하는 감정을 관찰할 때 정확히 무엇에 집중해야 할까? 감정은 (인지적 요소인) 생각과 (신체적 요소인) 감각에 연관되어 있다. 예를 들어 불안해지면 목이 답답해지거나 배가 아파 오거나 어깨나 등 아래쪽이 뻣뻣해지는 신체적 경험을 만들어 낸다. 인지적 생각과 신체적 감각을 더한 것을 바로 감정이라고 부른다.

옥스퍼드대학교의 심리학자 마크 윌리엄스Mark Williams는 공동 집필한 『마음 챙김으로 우울을 지나는 법』에서 심리적 불안과 관련된 신체적 감각을 관찰하는 법에 관해 설명한다. "신체적 불편을 무시하거나 제거하려는 대신 **우호적인 호기심**으로 관심을 가진다면 우리의 경험도 바꿀 수 있다."[107] 우호적인 호기심이란, 감각과 싸우거나 외면하는 대신 그 감각과 떨어져 대상을 관찰하는 것이다. 예술품이나 놀고 있는 강아지나 흐르는 강물을 바라보는 것처럼 감정이 신체에서 발현되는 것을―목이 답답해진다든가 배가 아프다든가― 바라보며 '**와, 이것 봐, 흥미롭네!**'라고 반응하는 식이다. 그렇다고 감정적인 경험이 고통스럽지 않다는 것은 아니다. 다만 고통을 열린 머리와 마음으로 관찰할 수 있다는 말이다. 그렇게 하면 나는 관찰자가 되고 감각은 관찰 대상이 된다. 달리 말하면 관찰함으로써 나는 감각이 아니며, 감각과 거리를 두고 자신과 구분할 수 있게 된다.

'나 지금 불안을 느끼고 있어. 이제 뭘 해야 하지?' 혹은 '이 고통이 제발 좀 사라졌으면 좋겠어!'나 '왜 이런 느낌이

드는 걸까?' 같은 생각이 들 때도 우호적인 호기심 렌즈로 관찰할 수 있다. 단순히 바라보는 것만으로 나는 관찰자이고 생각은 관찰 대상이라는 점을 다시 한번 확인할 수 있다. 생각은 내가 아니다. 감정을 판단하지 않고 관찰만 하는 법을 배운다면, 우리의 생각과 감각에 집중하고 또 집중하는 능력을 키운다면, 우리가 추가로 만들어 내는 두 번째 단계의 고통으로부터 자유로워질 수 있다.

내 감정을 관찰하는 것에는 또 다른 중요한 이점이 있다. 감정에 집중하면, 감정이 영원히 머물지 않고 결국에는 사라진다는 진정한 본성을 확인할 수 있다. 이 느낌, 이 상황은 영원하지 않다. 불교 사상의 중심되는 개념인 무상無常은 감정을 일시적인 것으로 보는 것이다. 이런 시선이 늘 쉽지만은 않다. 때로는 감정이 너무나도 강렬하게 타올라 완전히 끄거나 식힐 방법을 찾지 못하기도 한다. 마치 태양처럼 나에게 영원히 머물 것만 같다. 수백만 년이 아니라면 죽음이 우릴 갈라놓을 때까지는 있을 듯 느껴진다. 우리의 생각과 감각은 삶에서 큰 부분을 차지하기 때문에 눈앞에 있는 물건보다 더 실제인 것처럼 보인다. 하지만 생각과 감각의 진정한 본성에 익숙해지면 그렇지 않다는 것을 깨닫게 된다. 명상은 관찰을 연습하고 감정의 진정한 본성에 가까워지는 훌륭한 방법이다.

모든 감정에는 시작과 끝, 밀물과 썰물, 오름과 내림이 있다. 감정의 경과를 살피면 알 수 있다. 생각과 감각의 자연스러운 흐름을 관찰함으로써 우리는 이 둘이 절대 사라지지 않거나 변하지 않는, 고정된 것이 아니라 나타났다가 사라지는 것임을 깨닫는다. 문득 우리를 찾아오는 것처럼 쉽게 떠나기도 한다. 명상 지도자이자 작가인 마티외 리카르Matthieu Ricard는 그의 책에서 감정은 "상황에 따라 일시적으로 우리 본성의 일부를 차지하는 것일 뿐"이라고 썼다.108

더 행복한 개인과 우울한 개인의 차이는 고통스러운 감정을 어떻게 인지하는가에 달려 있을 때가 많다. 우울한 사람은 고통을 학습된 무력함으로 본다. "내가 뭘 하든 이 기분은 사라지지 않을 거야." 더 행복한 사람도 고통스러운 감정을 경험하기는 한다. 하지만 우울한 사람과는 분명한 차이점이 있다. "이 역시 지나갈 것이다"라고 보는 시각이다.

감사하는 데도 더 효과적인 방법은 있다

레바논계 미국인 시인인 칼릴 지브란은 우리가 슬픔과 기쁨을 동시에 담을 수 있는 그릇과 같다고 표현했다. 슬픔을 경험할 때마다 우리는 감정의 그릇 안쪽을 조금씩 더 파낸다. 나중에 기쁨을 경험할 역량이 더 커진다는 뜻이다. 다시 말하지만 슬픔, 분노, 불안, 두려움을 막지 않고 경험하면 기쁨, 사랑, 흥분, 희망을 담을 수 있는 용량도 커진다.

좋은 감정을 느끼는 것은 기쁠 때뿐만 아니라 힘들 때도, 지금뿐만이 아니라 다른 어느 때에도 중요하다. 좋은 감정은 기분이 좋다는 사실 그 자체 외에 다른 역할도 하기 때문이다. 바로 우리에게 활력을 불어넣고 눈앞의 보이는 가능성을 넓히는 것이다. 심리학자이자 노스캐롤라이나대학교 교수인 바버라 프레드릭슨Barbara Fredrickson은 "긍정적인 감정을 경험함으로써 사람들은 자신을 변화시킨다. 창의력은 높아지고, 더 해박해지며, 회복이 빨라지고, 사회에 적극적으로 합류하게 되며 더 건강해진다"고 설명한다.[109] 우리가 자신을 변화시킬 수 있는 가장 간단한 방법 중 하나는 '감사하기'이다. 나는 20년 넘게 감사 일기를 쓰고 있다. 정확하게는 1999년 9월 19일부터 쓰고 있다. 방송인 오프라 윈프리Oprah Winfrey가 자기 쇼에서 감사 일기를 극찬한 이후로 시작했다. 이후 불과 몇 년 후인 2003년, 어느 심리학 연구를 통해 감사 일기를 쓰는 행동의 이점이 밝혀졌다. 일기를 매일 혹은 일주일에 한 번꼴로 기록하는 것만으로도 우리는 더 행복해지고 낙천적으로 변하며 목표를 달성할 가능성도 더 커진다. 일기를 쓰면 신체적으로 더 건강해질 뿐만 아니라 다른 사람들에게 더 친절하고 너그러워지게 된다.[110]

어떻게 이토록 간단한 개입이 우리의 안녕에 강력한 영향을 미칠 수 있는 걸까? 기본적으로 좋은 일과 나쁜 일은 모두에게 일어난다. 적어도 어느 정도는 우리가 집중하는 대상이 무엇이느냐에 따라 얼마나 행복할지가 결정된다. 감사 일기는 삶 속의 즐겁고 고마웠던 일들을 생각하고 기록하는 몇 분에만 영향을 주는 것이 아니다. 그보다 훨씬 더 많은 영향을 미친다. 감사 전문가이자 캘리포니아대학교 데이비스 캠퍼스의 심리학 교수인 로버트 에몬스Robert Emmons는 감사 일기를 '긍정 상향 나선의 시작'이라고 묘사한다. 고마움을 표현하면 기분이 나아진다. 기분이 좋아지면 다른 사람을 더 진심으로 대하고 상대 역시 내게 더 친절하게 반응한다. 기분은 더욱 나아진다. 그 결과, 일을 조금 더 잘하게 되고 자녀를 더 부드럽게 대하며 일상의 만족감도 높아진다. 이렇게 선순환이 계속 이어진다. 작지만 긍정적인 경험이 하루의 흐름을 하향 나선에서 상향 나선으로 바꾸는 것이다.

감사 표현하기는 삶이 힘들고 주변 모든 것이 우울해 보일 때 특히 더 유용한 도구다. 행복학에서 기본으로 삼는 전제는 **어떤 상황에서든 우리는 감사할 무언가를 발견할 수 있다는 것이다.** 단지 하루를 넘겼을 뿐이라도 말이다. 상황이 안 좋다고 해도 잘 진행되는 한두 가지에 집중하면 나선이 위를 향하도록 움직일 수 있다. 촛불 하나로 어두운 방 전체를 밝힐 수 있는 법이다. 감사 일기에 관찰한 내용만 객관적으로 기록하다 보면 단조로움의 함정에 빠지게 된다. 어떻게 해야 재밌는 내용으로 채울 수 있을까?

첫째, 감사를 표현할 새로운 대상을 찾는 데 초점을 맞춘다. 풍요로운 이 세상에는 우리가 감사할 만한 것이 늘 있다.

둘째, 감사 내용이 반복되어도 시각화와 음미를 통해 여전히 새로움을 경험할 수 있다. 감사 대상이 무엇이든 눈을 감고 머릿속에 떠올려 보자. 쓰고자 하는 대상을 적극적으로 상상하면—뇌 안의 시각 피질을 활성화하면— 자동으로 생각이 다른 쪽으로 흐르는 것을 피할 수 있다.111 그런 뒤 단 몇 초라도 머리에 떠올린 것을 음미하고 자신과 연결해 본다.

예를 들어 내가 자녀들에게 감사를 표현한다고 해 보자. 우선 아이들의 모습을 떠올리며 아이들을 향한 나의 사랑을 마음속으로 음미한다. 그리고 바버라 프레드릭슨이 진심 어린 긍정heartfelt positivity이라고 부르는 정서와 연결해 이점을 경험한다.112 이어서 감사 노트에 아이들의 이름을 적는다. 이 시점에서 고마움은 '진짜로' 느껴진다. 반면에 감정을 음

미하지 않고 쓰기 자체에만 집중하면 감사 일기 쓰기의 효과
는 떨어진다.

우리에게 큰 도움을 주는 또 다른 감사법은 성취를 기념하는
것이다. 성취가 아주 작거나 평범해도 괜찮다. 하버드대학교
교수 테레사 에머빌Teresa Amabile과 발달심리학자 스티븐 크
레이머Steven Kramer가 공동으로 진행한 연구에 따르면 그날
에 있었던 의미 있는 진전 한 가지에 관해 생각해 보는 시간
은 우리를 더 생산적이고 창의적이게 하며 일에 대한 만족도
도 높인다고 한다.113 '의미 있는 진전'이 원대한 목표를 향한
큰 발전이어야 할 필요는 없다. 고객과의 미팅이 좋았다거나
프로젝트를 약간 진행시켰다든가 하는 작은 기여라도 가치
가 있다면 전부 해당된다.

개인의 삶도 이 '진전 법칙'을 적용할 수 있다. 빨래를 세
번 돌린 것이든, 아이에게 신발 끈 묶는 법을 가르쳐준 것이
든, 드디어 거실 벽 페인트칠을 끝낸 것이든 전부 성취에 해
당한다. 삶의 어느 부분이든, 좋은 일을 당연한 것으로 여기지
말자. 어떤 일이든 발전이 이루어졌다면 감사하자.

이런 생각을 할지도 모르겠다. '감사 일기를 쓰면 물론 좋겠지만, 난 감사 일기를 쓸 시간이 없어!' 일기 쓰는 데 생각보다 시간이 오래 소요되진 않는다. 사실 매일 밤 2~3분만 내도 충분하다. 일주일에 한두 번 정도밖에 쓰지 못한다고 해도, 일기 쓰기가 불러오는 효과는 놀라울 것이다. 아울러 감사 일기를 규칙적으로 쓰게 되면, 하루를 보내며 일기 소재를 찾게 된다. 즉, 현실에서 감사할 일을 찾고, 더 집중하도록 이끌 것이다. 우리 가족은 적어도 일주일에 한 번은 다같이 모여 감사를 표현한다. 저녁 식탁에 앉아 각자 돌아가며 감사했던 일을 나누곤 한다. 아이들은 일주일 동안 가족과 공유하고 싶은 일을 찾고, 머릿속에 저장해 둔다. 이 간단한 활동은 혼자서 혹은 다른 이들과, 집과 일터에서, 좋을 때나 힘들 때 실천할 수 있는 귀중한 습관이 될 것이다.

❀ 행복은 전염된다 ❀

1990년대 초, 이탈리아 과학자들이 원숭이의 뇌에서 뉴런을 관찰하는 실험을 했다. 원숭이가 한쪽 손을 입으로 가져갈 때마다 특정 뉴런이 반응을 보이는지 확인하는 내용이었다. 하루는 원숭이는 가만히 있는데 뉴런이 반응하는 게 보였다. 처음에 과학자들은 어떤 기술적인 결함이 생겼다고 추측했다. 하지만 곧 무슨 일이 일어나고 있는지 알아차릴 수 있었다. 실험실에 있던 과학자 한 명이 아이스크림을 먹고 있었고, 과학자가 손을 입 쪽으로 가져갈 때마다 원숭이의 뉴런 역시 반응한 것이었다. 과학자들은 이렇게 우연히 거울 뉴런을 발견했다.114

많은 연구가 이루어진 지금은 거울 뉴런의 중요성이 더 강조되고 있다. 거울 뉴런은 공감과 학습의 가장 기본이 되는 뇌세포이다. 아기가 다른 사람을 따라 하면서 학습할 수 있는 이유가 이 뉴런 덕분이다. 거울 뉴런은 또한 감정을 전염시키는 주요 동인으로 밝혀졌다. 한 사람이 어떤 감정을 느끼면 다른 사람도 같은 감정을 느끼도록 촉발한다. 따라서 즐거워하며 미소를 짓거나 큰 소리로 웃을 때, 우리는 주변에 있는 사람들에게 같은 감정을 끌어올리게 된다. 그렇기 때문에 고마움을 표현하는 것은 우리 안의 상향 나선만 만들어 내는 게 아니라 주변에도 영향을 미친다. 고마움을 표현하면 기분이 나아진다. 기분이 나아지면 감정 전염을 통해 다른 이들의 기분도 좋아진다. 그들의 기분이 나아지면 거울 뉴런이 반응해 우리의 기분도 더 좋아진다. 감정은 계속해서 이어지는 것이다.

감사 편지 쓰기

나와 다른 이들을 상향 나선에 올려 주는 또 다른 강력한 방법은 감사 편지이다. 긍정 심리학자 마틴 셀리그만Martin Seligman 교수는 수업 시간에 고마운 사람에게 편지를 쓰라는 과제를 냈다. 편지 내용에는 받는 사람의 어떤 면이 왜 고마운지가

감정의 안녕

담겨야 했고 가능하다면 편지를 받는 사람 앞에서 직접 읽어야 했다. 셀리그만은 교직에 있던 수십 년간 그가 학생들에게 준 다른 어떤 숙제도 이토록 강력한 결과를 낸 적이 없다는 것을 깨닫고 동료들과 함께 관련 연구를 수행했다.[115] 당연하게도 이 활동은 편지를 쓰는 사람, 편지를 받는 사람, 그리고 두 사람 간의 관계에 실질적이고 지속적인 영향을 미친다는 결과가 나왔다.

매년 나도 학부생들에게 감사 편지를 쓰라는 과제를 준다. 부모나 친구, 멘토나 다른 고마움을 느끼는 사람에게 말이다. 이 간단한 활동이 주는 효과는 꽤 주목할 만하다.

한 가지 사례를 들어보겠다. 존(가명)은 내 수업을 듣는 학생이었다. 천 명에 가까운 학생이 내 수업을 들었지만—여섯 명이 수강한 첫 수업의 몇 년 후 이야기다— 덩치가 크고 미식축구 선수였던 존은 늘 눈에 띄었다. 그는 늘 혼자 들어와 강의실 맨 뒷자리에 앉았고 수업이 끝나면 아무 말도 하지 않고 나갔다. 하지만 내가 감사 편지 쓰기 과제를 내고 일주일이 지난 뒤에는 달랐다. 강의 노트와 노트북을 챙기고 있는데 존이 강단에 올라와 면담 시간에 찾아가도 되느냐고 물었다. 나는 당연히 된다고 답했다.

다음 날 내 사무실에 온 존은 이렇게 말했다. "교수님, 제가 하버드대학교에 다닌 지난 3년간 이렇게 교수님 사무실로 찾아와 면담하는 건 지금이 처음이에요." 존은 감사 편지를 쓴 경험을 이야기하고 싶어서 날 찾아온 거였다. 그는 아버지께 편지를 썼고, 주말에 아버지를 찾아갔다고 했다. 이 말을 한 후 고개를 떨군 그의 눈에는 눈물이 약간 고여 있었다. "아버지께 편지를 읽어 드렸더니 아버지가 절 안아 주셨어요." 존은 말을 잠시 멈추었다가 다시 입을 열었다. "제가 여덟 살이었을 때 이후 처음으로요." 존은 내게 감사 인사를 하고 일어나 나갔다.

데비(역시 가명이다)라는 학생 역시 감사 편지를 썼다. 대상은 초등학교 시절 농구 코치였다. 코치는 오래전 은퇴했는데, 데비가 편지를 읽어 주자 10년은 더 젊어 보였다고 한다.

내 삶을 형성하는 데 중요한 역할을 한 사람이 누구인지 생각해 보자. 그에게 감사 편지를 한 통 써서 인사를 전하는 것

감정의 안녕

은 어떨까? 더는 우리와 함께하지 않는 사람에게 편지를 써도 좋다. 편지에는 쓰는 이의 깊고 진실된 마음이 담겨 있기 때문에 결국 전해지지 못한 데도 여전히 영향을 미치게 된다. 그러니 나의 삶을 더 좋은 방향으로 바꿔 준 누군가에게 편지를 쓰자. 같은 공간에 함께 있든 기술을 통해 연결돼 있든 그 사람과 접촉해 편지를 읽어 주자. 이메일로 보내도 좋다.

감사 편지가 쓰는 사람과 받는 사람에게 미치는 영향은 강력하다. 감정의 안녕에만 영향을 주는 것이 아니라 삶의 의미를 이해하는 데 도움을 주고(마음의 안녕) 그 사람과의 관계를 더 가깝게 한다(관계의 안녕). 면역 체계를 강화하기도 한다(몸의 안녕). 몇 달에 한 번일지라도 정기적으로 감사 편지를 쓴다면 우리 존재 전체가 활력을 얻을 것이다.

학교에서 교육 과정의 일부로 감사 편지 쓰기를 도입한다면 어떨까? 조직에서 관리자가 모범을 보이며 동료와 고객에게 감사를 표현하라고 직원들을 독려해도 좋다. 우리가 사는 세상은 더 좋고 친절하며 행복하고 건강한 곳이 될 것이다.

감사하면 좋은 일은 늘어난다

마지막으로, 감사는 과거에만 국한되어 있지 않다. 어떤 사람이 해 준 어떤 일을 되돌아보며 하는 것만이 아니다. 감사는 미래를 향해서도 할 수 있다. 심리학자인 허대서 리트맨-오바디아Hadassah Littman-Ovadia와 디나 니르Dina Nir는 한 연구에서 참가자들에게 그날 하루에 기대하는 일 세 가지를 적으라고 했다.116 친구와의 전화 통화나 시 한 편 읽기나 점심 먹기 등, 큰일이든 작은 일이든 상관없이 기대하고 있는 일 세 가지를 적어야 했다.

이 활동에 참여한 사람들은 즐거운 감정이 치솟는 경험을 하지는 않았다. 하지만 고통스러운 감정이 감소하고 덜 비관적으로 변했다. 왜 이런 변화가 생겼을까? 무언가를 기대하면, 즉 앞날에 관해 긍정적으로 기록하면 우리는 희망을 키우게 된다. 희망이 커지면 그만큼 비관은 줄어든다. 아울러 슬픔이—우리가 사이코패스이거나 이미 죽은 게 아닌 이상 느끼게 되는— 우울로 악화하지만 않는다면 회복탄력성도 더 커진다. 다시 한번 말하지만 우울은 희망 없는 슬픔이다.

내가 가장 좋아하는 영어 단어는 appreciate인데 두 가지 뜻이 있다. 첫 번째는 '어떤 것에 감사하다고 인사하다' 또는 '고마운 마음을 갖다'이다. 고대 로마 철학자인 키케로Cicero는 감사를 모든 덕목의 아버지라고 불렀다. 또한 거의 모든 종교에서 감사하는 마음을 가져야 하며, 고마움을 표현해야 하고, 그 어떤 것도 당연하게 여겨서는 안 된다고 강조한다. 이것이 appreciate의 첫 번째 의미이다. 두 번째 의미는 값이나 가치가 오른다는 뜻이다. 예를 들어 우리는 집값이나 은행에 있는 돈이 'appreciate'하길 바란다. 혹은 경기가 좋으면 경제는 'appreciate'한다고 쓰인다. 즉, 성장한다는 의미가 있다.

appreciate의 두 가지 의미는 서로 연결되어 있다. 오늘날에는 좋은 일에 감사하면appreciate 좋은 일은 늘어난다

appreciate는 사실을 증명하는 데이터가 많다. 삶에서 일어나는 좋은 일들을 감사하게 여기고, 당연하게 받아들이지 않는다면 좋은 일은 계속해서 늘어날 것이다. 불행하게도 반대의 경우도 가능하다. 좋은 일을 감사하게 여기지 않으면 그 가치는 떨어지고 우리는 좋은 것을 덜 갖게 될 것이다. 다행히 어려운 시기에도 감사하게 여길 일은, 고마움을 표현할 좋은 일은 늘 있기 마련이다.

헬렌 켈러는 감각이 온전한 상태로 태어났지만 생후 19개월에 병을 앓아 영구적인 청각장애와 시각장애를 얻게 되었다. 병을 앓은 후 5년간 켈러는 아무것도 이해할 수 없는 세상에서 살아야 했다. 하지만 앤 설리번Anne Sullivan 선생님에게 도움을 받으며 단어와 언어 개념을 파악할 수 있게 되었다. 이 획기적인 진전으로 켈러는 자신의 풍요로운 내면 세계를 바깥 세계에 공유하며 소통할 수 있게 되었고 마찬가지로 파악한 바깥 세계를 자기 내면으로 들여올 수 있었다.『사흘만 볼 수 있다면』이라는 제목으로, 켈러는 사흘만이라도 다시 보고 들을 수 있다면 무엇을 할 것인지에 관해 썼다.117 고마운 것들을 찬양하는 이 감동적인 에세이는 글 전체가 감사하는 과정이다. 그간 내가 접한 다른 어떤 글보다도 우리가 가진 것에 대해 감사해야 하는 이유를 일깨워 준다.

이 에세이에서 켈러는 매사추세츠주에서 지낼 당시 자기를 보러 온 친구와 있었던 일화를 들려준다. 친구는 숲으로 잠깐 산책하러 갔다가 돌아왔고, 켈러는 친구에게 무엇을 보았느냐고 물었다. 친구는 "딱히 본 건 없었어"라고 답했다. 켈러는 당시에 관해 이렇게 말한다.

숲속에서 한 시간을 걷다 왔으면서 특별히 눈에 띈 게 없었다니, 이게 어떻게 가능한 걸까? (중략) 촉각만으로도 이토록 많은 즐거움을 느낄 수 있는데 시각이 주어진다면 얼마나 많은 아름다움이 눈에 들어올까. 하지만 눈이 있는 이들은 볼 수 있는 게 거의 없는 것 같다. 세상을 채우는 색과 역동의 전경을 당연한 것으로 여긴다. 아마도 자기가 가진 것에 고마워할 줄 모르고 갖지 못한 것을 갈망하는 게 인간인가 보다. 하지만 빛의 세계에서, 시력이라는 선물이 삶에 충만함을 더하는 수단이 아니라 단순한 편의로 사용된다는 것은 큰 유감이다.

헬렌 켈러의 이 에세이는『애틀랜틱 먼슬리Atlantic Monthly』라는 잡지에 처음 실렸다. 글을 찾아 전문을 읽어 보길 바란다. 혼자 읽어도 좋고 가족에게 읽어 줘도 좋다. 이어서 주변을 둘러보자. 듣고, 만지고, 맛보고, 냄새를 맡으며 감각을 하나하나 활용해 세상이 주는 선물을 경험해 보자. 살면서 패배한 것 같은 기분이 들 때가 있다. 우리의 시선을 부드럽게 다른 쪽으로 돌려야 할 때이다. 이 에세이를 통해 우리는 그동안 우리 안에 존재한, 그리고 우리 주변에 있던 모든 것을 새로운 시각으로 바라볼 수 있다. 이 글을 인쇄해서 책상 근처나 냉장고 문이나 침대 곁에 붙여 두는 건 어떨까? 삶이 제시하는 모든 것을 음미하고 고맙게 여겨야 한다는 사실을 다시금 깨달아야 할 때마다 읽을 수 있도록 말이다.

∽❀ 행복 공부하기 감정의 안녕 ❀∼

행복 수준을 확인하기 위해 행복 공부의 3단계인 점수 매기기, 설명하기, 처방하기를 감정의 안녕에 초점을 맞춰 실행해 본다. 다음과 같이 질문하고, 감정의 안녕을 어느 정도로 경험하는지 1부터 10 사이의 점수를 매긴다.

행복 수준 질문

□ 일상에서 기분 좋은 감정을 경험하는가?
□ 고통스러운 감정을 피하지 않고 받아들이는가?
□ 주변의 존재를 당연하게 여기지 않으려고 노력하는가?
□ 현재 가지고 있는 모든 것에 감사하는가?

점수를 매겼다면 왜 이 점수를 줬는지 설명한다. 그런 다음에 우선은 1점 더 올릴 수 있는 방법 중 하나를 골라 처방을 내린다.

행복 처방전

□ 감사 일기 쓰기
□ 일주일에 한 번 혹은 두 달에 한 번 감사 편지 쓰기
□ 일기를 쓰며 감정이 자연스럽게 흐르도록 두기
□ 감정을 받아들일 수 있도록 매일 몇 분간 명상하기

자신에게 내린 처방을 잘 지키고 있는지 매주 확인한다.

행복하게 사는 것은 영혼의 내적 힘이다.

− 마르쿠스 아우렐리우스Marcus Aurelius

오늘 더 행복해지기 위해
행복을 공부하기

많은 사람이 피터 드러커Peter Drucker를 현대 경영학의 아버지라고 부른다. 그는 1909년에 태어나 2005년, 아흔여섯 살 생일이 되기 일주일 전에 사망했다. 드러커는 평생 전 세계를 누비며 수십만 명의 관리자와 지도자를 만나고 이야기를 나눴다. 하지만 말년에는 덜 이동하는 편을 택했고, 대신 사람들을 자신이 있는 곳으로 오게 했다.『포천Fortune』지 선정 500대 기업 CEO, 정치 지도자, 고위 경영자 단체 등은 캘리포니아주로 몰려 와 경영의 대가와 마법 같은 주말을 보냈다.

자신과 함께 주말을 보내러 온 참가자들에게 드러커는 이런 말을 건네며 만남을 시작했다. 월요일에 다들 각자의 일상으로, 집과 일터로 돌아가서 자기한테 전해 줄 말이었다.

"월요일에 나한테 전화해서 주말을 얼마나 잘 보냈는지 이야기해 주지 말아요. 어떤 새로운 행동을 도입해 무엇을 다르게 하기 시작했는지를 알려줘요."

왜 이런 말을 했을까? 변화를 이끌어 내는 분야에서 60년 넘게 일한 피터 드러커는 변화하려는 노력 대부분이 실패로 돌아가며, 주말 수련회에 다녀오거나 자기계발서를 완독한 후 얻게 된 통찰이 얼마나 대단하든 그 직후에만 효과를 보인다는 것을 파악했기 때문이다. 학습이 얼마나 강력했든 간에 대부분은 경험 전의 상태로 되돌아가게 된다.

효과적으로 변화를 이끌어 내고 싶다면 행복을 공부하고 통찰하는 것만으로는 충분하지 않다. 통찰로 얻은 것을 일상에 적용하고, 시도하고, 실험해야 한다.

행복 수준을 측정하고 높일 수 있는 스파이어의 핵심을 다시 정리했으니, 이 목록을 읽으며 스스로 묻기를 바란다. 내가 무슨 일이 있더라도 더 행복해질 수 있도록, 무슨 일을 더 할 수 있을까?

1. 마음의 안녕. 우리가 하는 거의 모든 일에 의미와 중요성을, 즉 목적의식을 주입할 수 있다. 우리의 일을 직업이나 경력이 아닌 천직으로 여기도록 시각을 바꿀 수 있다. 마찬가지로 일상에서 하는 모든 활동에서 영적인 마음의 의미를 발견할 수 있다. 아무리 평범해 보이더라도 주의를 기울인다면 우리가 하는 모든 것을 더 높은 수준에서 경험할 수 있다. 우리가 두뇌 능력의 극히 일부만을 이용한다는 주장이 있듯이, 나는 우리가 지닌 영적 능력의 극히 일부만을 이용한다고 본다. 그러니 주의를 기울이고 현재에 몰두하자.

2. 몸의 안녕. 스트레스는 문제가 아니라는 사실을 기억하길 바란다. 우리가 충분히 회복하지 못하는 게 문제다. 30초간 크게 호흡하거나 15분간 휴식하며 미시적 수준으로 회복할 수 있다. 밤에 잠을 잘 자고 일어난다든가 하루 휴가를 내 중시적 수준으로 회복할 수도 있다. 혹은(꼭 멀리 여행 가지 않더라도) 장기간 휴가를 내 거시적 수준으로 회복도 가능하다. 운동의 중요성을 잊지 않길 바란다. 스트레스를 받는 기간에는 특히 더 중요하다. 근육 섬유가 끊어졌다 회복되면 결국 몸

이 더 튼튼해진다는 사실을 기억하자. 이것이 바로 안티프래질해지는 과정이다.

3. 배움의 안녕. 경험을 향한 호기심과 열린 마음이 있다면 우리는 삶이 제공하는 대부분을 최대한으로 활용할 수 있다. 현대 사회의 골칫거리 중 하나는 심화 학습이 피상적인 학습에 자리를 내주었다는 것이다. 대부분의 사람은 공부할 시간이 충분히 갖지 못하며 자신에게 책이나 예술 작품, 자연을 깊게 만끽할 인내심이 부족하다고 믿는다. 하지만 어떤 대상에 깊게 관여하는 노력은 자신을 완전한 존재로 만들 뿐 아니라 그 이상, 즉 사업에 성공하는 것부터 장기간 연애 관계를 유지하는 것까지 자신의 존재 너머의 관계에도 매우 중요하다. 마지막으로, 실수를 하고 실패로부터 배울 수 있는 자유는 성장의 핵심이며 결국 우리를 더 행복한 삶으로 이끈다.

4. 관계의 안녕. 행복을 예측할 수 있게 하는 가장 중요한 지표는 친밀한 관계이다. 원하는 만큼 친구들을 만나러 나가자. 서로 얼굴을 보며 함께 시간을 보내지는 못해도 여전히

깊은 관계를 다질 수 있다. 우리가 진정으로 상대의 말을 듣고 상대 역시 우리의 말에 귀 기울여 준다면, 서로의 마음을 열고 공유하면 관계는 더욱 성장한다. 이는 비대면으로도 할 수 있다. 마찬가지로 우리가 베풀고 도우면, 즉 너그럽고 친절하게 행동하면 우리는 더 행복해지고 다른 사람과의 관계도 끈끈해진다. 갈등도 중요하다는 것을 잊지 말자. 오래 가는 관계는 모든 것이 완벽한 관계가 아니라 갈등을 헤쳐 나가며 함께 성장하는 관계다.

5. 감정의 안녕. 인간다울 수 있는 허락, 즉 인간이 느낄 수 있는 감정의 모든 범위를 경험해도 된다고 허락하는 태도는 언제나 중요하다. 특히 감정이 극단적으로 변하고 복잡해지는 힘든 시기에는 확실히 중요하다. 고통스러운 감정을 거부하면 감정은 더 강해질 뿐만 아니라 즐거운 감정도 저절로 거부하게 된다. 감정의 안녕을 키우는 좋은 방법 중 하나는 감사하는 마음을 더 표현하는 것이다. 우리의 삶에 이득이 되는 상향 나선을 일으킬 수 있도록 강력하게 개입하는 방법이다.

이 다섯 가지 요소는 각각 주변 사람에게 영향을 주고, 다시 영향을 받는다. 이러한 상호 연결은 그 자체로 희망을 낳는다. 전체를 구성하는 요소를 확인하면 변화를 일으키는 지렛대 역시 찾을 수 있기 때문이다. 스파이어를 체크하며 지렛대 효과를 볼 수 있는 방법을 확인할 수 있는데, 우리가 완전한 존재가 될 수 있는 방법과 시도할 수 있는 행동을 알려준다. 이 부분을 규칙적으로 확인해 보기를 권한다. 삶에 점진적으로 변화를 이어간다면 우리는 더 행복해질 뿐만 아니라 미래에 대해 더 낙관적이고 희망적인 자세를 가질 수 있을 것이다.

아름다운 세상을 위하여

행복을 만드는 다섯 가지 스파이어 요소에 관해 배웠으니 이제는 이 전략을 소중한 사람들과 나누는 것은 어떨까? 릴레이처럼 퍼트려 봐도 좋겠다. 영화 〈아름다운 세상을 위하여 Pay It Forward〉는 사람들 간의 상호 교류를 활용한다면 한 사람이 큰 변화를 일으킬 수 있다는 메시지를 담고 있다. 주인공이 학교 과제로, 세 명에게 선행을 베풀어 세상을 바꾼다는 프로젝트를 시작한다. 베풂을 받은 세 명은 다시 각자 다른 세 명에게 선행을 베풀어야 하며 도움받은 사람들은 다시 새로운 세 사람에게 선행을 이어 나가는 것이다. 간단하고도 훌륭한 아이디어다.

대부분의 사람은 변화를 일으킬 수 있는 자신의 능력을 과소평가한다. 심리학자인 샬런 네메스Charlan Nemeth와 세르주 모스코비치Serge Moscovici가 여러 학자와 진행한 사회 심리학 연구는 변화를 이끌어 내고 의미 있는 영향을 만드는 개인 한 명, 작은 집단 등 소수의 힘을 강조한다.118 철학자 랠프 월도 에머슨도 비슷한 맥락으로 이렇게 말했다. "모든 역사는 하나를 이루는 소수의 힘을 기록한 것이다." 인류학자 마거릿 미드Margaret Mead도 이런 말을 한 적이 있다고 한다. "사려 깊고 헌신적인 소수의 시민 집단이 세상을 바꿀 수 있음을 절대 의심하지 말라. 실제로 이들만이 세상을 바꿔 왔다."119

개인 한 명 또는 작은 집단이라도 인적 네트워크는 기하급수적으로 연결되므로 광범위하게 사회적인 변화를 일으킬 수 있는 능력이 있다. 미소 짓기를 예로 들어 보자. 우리가 세 사람을 미소 짓게 한다면, 그리고 이 세 명이 다시 각자 다른 세 명을 미소 짓게 한다면, 그리고 웃게 된 아홉 명이 각각 다른 세 명을 미소 지을 수 있게 한다면, 교류가 스무 번만 이루어져도 전 세계 인구에게 미소 짓기 움직임이 도달하게 될 것이다. 네 명이나 열 명을 미소 짓게 할 수 있다면 전 세계 사람들에게 영향을 미칠 가능성은 더 늘어난다. 같은 논리로 우리가 세 명 혹은 열 명을 진정으로 칭찬한다면 이들 역시 다른 사람을 위해 같은 행동을 할 가능성이 훨씬 더 커지며 선함과 행복은 더 널리 퍼질 것이다. 행복은 전염성이 있어서, 우리가 교류하고 영향을 준 모든 사람은 우리의 행복을 더 널리, 멀리 전파하게 된다.[120]

상황이 어려워진다고 해도 우리가 더 행복해지기 위해 할 수 있는 것은 늘 있다. 그리고 더 행복해졌다면 다른 이들도 행복해지도록 도울 수 있다. 기억하자. 우리는 목적의식과 존재감이 있는, 영적인 마음의 존재이다. 우리의 마음과 몸은 연결되어 있으며, 에너지와 활력이 넘치는 신체적 존재이다. 호기심을 지니고 깊게 파고들며, 학습하고 성장하는 지적인 배움의 존재이다. 친절하고 너그러우며 사랑을 주고받는 능력이 있는 관계적 존재이다. 고통과 즐거움, 연민과 기쁨을 경험할 수 있는 감정적 존재이다.

우리는 완전하다.

탈 벤-샤하르

나는 얼마나 행복할까? – 다시 점검하기

지금까지 우리가 행복을 공부해야 하는 이유에 대해 설명하고, 행복해지기 위해서는 행복을 요소로 나누고 각각의 점수를 매겨, 행복 수준을 확인해야 한다고 이야기했다. 책을 다 읽은 지금, 다시 한번 행복 수준을 체크해 보자. 행복을 공부한 뒤, 당신의 행복 수준은 높아졌는가?

마음의 안녕 Spiritual wellbeing

직장에서 목적의식을 느끼며 일하는가?

1	2	3	4	5	6	7	8	9	10

거의 없다   드물다   자주 그렇다

집에서 자신이 의미 있다고 느끼는가?

1	2	3	4	5	6	7	8	9	10

현재에 충실한가?

1	2	3	4	5	6	7	8	9	10

자신의 마음에 집중하는가?

1	2	3	4	5	6	7	8	9	10

총점 (/ 40)

몸의 안녕 Physical wellbeing

활발하게 움직이고 행동하는가?

1   2   3   4   5   6   7   8   9   10

자신의 신체적 건강을 돌보는가?

1   2   3   4   5   6   7   8   9   10

휴식과 회복을 위해 시간을 내는가?

1   2   3   4   5   6   7   8   9   10

스트레스가 쌓일 때 푸는 방법이 있는가?

1   2   3   4   5   6   7   8   9   10

총점 (/ 40)

배움의 안녕 Intellectual wellbeing

새로운 것을 배우려고 시도하고, 시간을 투자하는가?

1   2   3   4   5   6   7   8   9   10

모르는 것이 생기면 충분히 질문하는가?

1   2   3   4   5   6   7   8   9   10

관심 있는 분야에 깊이 빠져들 때가 있는가?

1   2   3   4   5   6   7   8   9   10

충분히 실패하고, 실패를 받아들이는가?

1   2   3   4   5   6   7   8   9   10

총점 (/ 40)

관계의 안녕 Relational wellbeing

가족이나 친구와 행복한 시간을 보내는가?

1   2   3   4   5   6   7   8   9   10

주변 사람들과 깊은 관계를 맺는가?

1   2   3   4   5   6   7   8   9   10

자신을 충분히 돌보는가?

1   2   3   4   5   6   7   8   9   10

남에게 베푸는가?

1   2   3   4   5   6   7   8   9   10

감정의 안녕 Emotional Wellbeing

일상에서 기분 좋은 감정을 경험하는가?

| 1 | 2 | 3 | 4 | 5 | 6 | 7 | 8 | 9 | 10 |

고통스러운 감정을 피하지 않고 받아들이는가?

| 1 | 2 | 3 | 4 | 5 | 6 | 7 | 8 | 9 | 10 |

주변의 존재를 당연하게 여기지 않으려고 노력하는가?

| 1 | 2 | 3 | 4 | 5 | 6 | 7 | 8 | 9 | 10 |

현재 가지고 있는 모든 것에 감사하는가?

| 1 | 2 | 3 | 4 | 5 | 6 | 7 | 8 | 9 | 10 |

총점 (/ 40)

행복 점수(SPIRE) 총점　　　　　(　 / 200)
점수가 가장 높은 요소 (마음 / 몸 / 배움 / 관계 / 감정)
점수가 가장 낮은 요소 (마음 / 몸 / 배움 / 관계 / 감정)

행복 처방전 ☑

앞에서 강조했듯 행복해지기 위해서는 단순히 '나는 행복해지고 싶어'라고 바라서는 안 된다. 대신 각 스파이어에 해당하는 '행복 처방전'을 살피고, 실제로 할 수 있는 일을 하나씩 해 보자. 점수가 가장 낮은 요소를 끌어올리는 전략도 좋고, 가장 높은 요소를 보강하는 방법도 좋다. 실제로 처방전을 실행에 옮겼을 때 변화가 느껴지는가? 처방전을 하나씩 체크해 보며 반복한다.

마음의 안녕 Spiritual wellbeing

내 직업을 천직으로 묘사해 본다		
습관적으로 하던 일을 멈추고 일의 목적을 먼저 확인한다		
5분간 마음 챙김을 연습한다		
한두 시간 정도 한 번에 한 가지 일에만 집중한다		

몸의 안녕 Physical wellbeing

일주일에 세 번 짧게 운동한다		
두 시간마다 30초간 깊게 호흡한다		
한 가지 일에만 몰입하는 시간을 보낸다		
리모컨에서 배터리 빼고, 전자기기를 만지지 않는 시간을 보낸다		

배움의 안녕 Intellectual wellbeing

자신과 다른 사람에게 의식적으로 질문을 던져 본다		
가장 좋아하는 책을 고르고, 천천히 다시 읽는다		
일부러 실패할 일에 도전한다		
실패했을 경우, 실패한 자신을 축하해 준다		

관계의 안녕 Relational wellbeing

소중한 사람과 함께 보내는 시간을 갖는다		
의식적으로 남에게 평소보다 조금 더 친절하게 행동하고 베푼다		
남을 돕는 시간을 줄이고 나를 돌보는 데 시간을 들인다		
친구의 존재에 감사한다		

감정의 안녕 Emotional Wellbeing

감사 일기를 쓴다		
남에게 감사 편지를 쓰고 읽어 준다		
일기를 쓰며 감정이 자연스럽게 흐르도록 둔다		
감정을 받아들일 수 있도록 몇 분간 명상한다		

"행복은 완전한 것이다.
그리고 우리는 완전하다."

참고 자료

참고 자료 목록은 원서 기준이며, 국내 출간이 확인된 도서는 국내 출간 정보를 실었습니다.

1 나심 니콜라스 탈레브,『안티프래질: 불확실성과 충격을 성장으로 이끄는 힘』, 안세민 옮김, 와이즈베리, 2013.

2 Calhoun, L. G. and Tedeschi, R. G. (2006). The Handbook of Posttraumatic Growth: Research and Practice. Routledge.

3 대니얼 길버트,『행복에 걸려 비틀거리다』, 서은국, 최인철, 김미정 옮김, 김영사, 2006.

4 Brickman, P., Coates, D. and Bulman, R. J. (1978). "Lottery Winners and Accident Victims: Is Happiness Relative?" Journal of Personality and Social Psychology, 36, 917-927.

5 Lambert, Craig (2007). "The Science of Happiness." Harvard Magazine.

6 Twenge, J. (2017). "With Teen Mental Health Deteriorating over Five Years, There's a Likely Culprit." The Conversation.

7 Lyubomirsky, S., King, L. and Diener, E. (2005). "The Benefits of Frequent Positive Affect: Does Happiness Lead to Success?"

Psychological Bulletin, 131, 803-855.

8   Fredrickson, B. L. (2001). "The Role of Positive Emotions in Positive Psychology: The Broaden-and-Build Theory of Positive Emotions." American Psychologist, 56, 218-226.

9   상동.

10 Keller, H. (1957). The Open Door. Doubleday.

11 Mauss, I. B., Tamir, M., Anderson, C. L., and Savino, N. S. (2011). "Can Seeking Happiness Make People Unhappy? Paradoxical Effects of Valuing Happiness." Emotion, 11, 807-815.

12 존 스튜어트 밀, 『존 스튜어트 밀 자서전』, 박홍규 옮김, 문예출판사, 2019.

13 Ben-Shahar, T. (2021). Happiness Studies: An Introduction. Palgrave Macmillan.

14 Swan, G. E., and Carmelli, D. (1996). "Curiosity and morality in aging adults: A 5-year follow-up of the Western Collaborative Group Study." Psychology and Aging, 11(3), 449-453.

15 엘리자베스 던, 마이클 노튼, 『당신이 지갑을 열기 전에 알아야 할 것들』, 방영호 옮김, 알키, 2013.

16 Lyubomirsky, S., Sheldon, K. M., and Schkade, D. (2005). "Pursuing Happiness: The Architecture of Sustainable Change." Review of General Psychology, 9, 111.

17 Wrzesniewski, A. and Dutton, J. E. (2001). "Crafting a Job: Employees as Active Crafters of Their Work." Academy of Management Review 26, 179-201.

18 상동.

19 애덤 그랜트,『기브앤테이크: 주는 사람이 성공한다』, 윤태준 옮김, 생각연구소, 2013.

20 Sreechinth, C. (2018). Thich Nhat Hanh Quotes. UB Tech.

21 Davidson, R. J. and Harrington, A. (2001). Visions of Compassion: Western Scientists and Tibetan Buddhists Examine Human Nature. Oxford University Press.

22 상동.

23 존 카밧진,『마음 챙김 명상과 자기치유』, 김교헌 옮김, 학지사, 2017.

24 틱낫한,『틱낫한 명상』, 이현주 옮김, 불광출판사, 2013.

25 Ricard, M. (2010). Art of Meditation. Atlantic Books.

26 Guthrie, C. (2008). "Mind Over Matters Through Meditation" O, The Oprah Magazine.

27 Goldstein, E. (2013). The Now Effect. Atria Books.

28 Sreechinth, C. (2018). Thich Nhat Hanh Quotes. UB Tech.

29 Miller, H. (1994). Plexus: The Rosy Crucifixion II. Grove Press.

30 Itzchakov, G. and Kluger, A. N. (2018). "The Power of Listening in Helping People Change." Harvard Business Review.

31 Bouskila-Yam, O. and Kluger, A. N. (2011). "Strength-Based Performance Appraisal and Goal Setting." Human Resource Management Review.

32 페니베이커,『털어놓기와 건강』, 김종한 옮김, 학지사, 1999.

33 Csikszentmihalyi, M. (1999). "If We Are So Rich, Why Aren't We Happy?" American Psychologist, 54, 821-827.

34 타라 베넷 골먼,『감정의 연금술 감정의 변화를 통한 영혼의 치유법』, 윤규상 옮김, 생각의나무, 2007.

35 안토니오 다마지오,『데카르트의 오류』, 김린 옮김, 중앙문화사, 1999.

36 피터 센게,『학습하는 조직: 오래도록 살아남는 기업에는 어떤 특징이 있는가』, 강혜정 옮김, 유정식 감수, 에이지21, 2014.

37 Zajonc, R. B., Murphy, S. T., and Inglehart, M. (1989). "Feeling and Facial Efference: Implications of the Vascular Theory of Emotion." Psychological Review.

38 Wiseman, R. (2013). The As If Principle: The Radically New Approach to Changing Your Life. Free Press.

39 Ranganathan, V. K. et al. (2003). "From Mental Power to Muscle Power - Gaining Strength by Using the Mind." NeuroPsychologia.

40 Elsen, A. E. et al. (2003). Rodin's Art: The Rodin Collection of Iris & B. Gerald Cantor Center of Visual Arts at Stanford University. Oxford University Press.

41 Lambert, Craig (2007). "The Science of Happiness." Harvard Magazine.

42 켈리 맥고니걸,『스트레스의 힘: 끊임없는 자극이 만드는 극적인 성장』, 신예경 옮김, 21세기북스, 2015.

43 짐 로허 외,『몸과 영혼의 에너지 발전소』, 유영만 외 옮김, 한언, 2004.

44 Mayo Clinic Staff (2019). "Stress Symptoms: Effects on Your Body and Behavior." Mayo Clinic Healthy Lifestyle.

45 Loehr, J. and Schwartz, T. (2001). "The Making fo a Corporate Athlete." Harvard Business Review.

46 Benson, H. and Klipper, M. Z. (2000). The Relaxation Response.

William Morrow Paperbacks.

47   Weil, A. (2001). Breathing: The Master Key to Self Healing (Audiobook). Sounds True.

48   Loehr, J. and Schwartz, T. (2001). "The Making fo a Corporate Athlete." Harvard Business Review.

49   매슈 워커, 『우리는 왜 잠을 자야 할까』, 이한음 옮김, 열린책들, 2019.

50   Mednick, S. C. (2006). Take a Nap! Change Your Life. Workman Publishing.

51   매슈 워커, 『우리는 왜 잠을 자야 할까』, 이한음 옮김, 열린책들, 2019

52   상동.

53   상동.

54   상동.

55   Rand Corporation (2016). "Lack of Sleep Costing U. S. Economy Up to $411 Billion a Year" (press release). rand.org/news/press/2016/11/30 (2020년 10월 27일 조회).

56   Mednick, S. C. (2006). Take a Nap! Change Your Life. Workman Publishing.

57   Carino, M. M. (2019). "American Workers Can Suffer Vacation Guilt... If They Take Vacations at All." Marketplace. zmarketplace.org/2019/07/12/american-workers-vacation-guilt (2020년 11월 27일 조회).

58   Loehr, J. and Schwartz, T. (2005). The Power of Full Engagement: Managing Energy Not Time Is the Key to High Performance and

Personal Renewal. Free Press.

59 상동.

60 Ratey, J. J. (2013). Spark: The Revolutionary New Science of Exercise and the Brain. Little, Brown and Company.

61 Callaghan, P. (2004). "Exercise: A Neglected Intervention in Mental Health Care?" Journal of Psychiatric and Mental Health Nursing.

62 Ratey, J. J. (2013). Spark: The Revolutionary New Science of Exercise and the Brain. Little, Brown and Company.

63 Callaghan, P. (2004). "Exercise: A Neglected Intervention in Mental Health Care?" Journal of Psychiatric and Mental Health Nursing.

64 Van der Ploeg H. P. et al. (2012). "Sitting Time and All-Cause Mortality Risk in 222 497 Australian Adults." Archives of Internal Medicine, 172, 494-500.

65 Ratey, J. J. (2013). Spark: The Revolutionary New Science of Exercise and the Brain. Little, Brown and Company.

66 상동.

67 Buettner, D. (2012). The Blue Zones: 9 Lessons for Living Longer from the People Who've Lived the Longest. National Geographic.

68 피어스 스틸, 『결심의 재발견』, 구계원 옮김, 민음사, 2013.

69 에이미 커디, 『프레즌스』, 이경식 옮김, 알에이치코리아, 2016.

70 Csikszentmihalyi, M. (2014). Applications of Flow in Human Development and Education: The Collected Works of Mihaly Csikszentmihalyi. Springer.

71 Kashdan, T. B. (2010). Curiosity: The Missing Ingredient to a Fulfilling Life. Harper Perennial.

72 Bem, D. J. (1967). "Self-perception: An Alternative Interpretation of Cognitive Dissonance Phenomena." Psychological Review, 74, 183-200.

73 Lakkakula, A. (2010). "Repeated Taste Exposure Increases Liking for Vegetables by Low-income Elementary School Children." Appetite, 226-31.

74 Swan, G. E. and Carmelli, D. (1996). "Curiosity and mortality in aging adults: A 5-year follow-up of the Western Collaborative Group Study." Psychology and Aging, 11(3), 449-453.

75 Cooperrider, D. L. and Whitney, D. (2005). Appreciative Inquiry: A Positive Revolution in Change. Berrett-Koehler Publishers.

76 스즈키 순류, 『선으로의 초대』, 최세만 옮김, 시공사, 1995.

77 엘렌 랭어, 『마음 챙김』, 이양원 옮김, 더퀘스트, 2022.

78 Simonton, D. (1999). Origins of Genius: Darwinian Perspectives on Creativity. Oxford University Press.

79 캐럴 드웩, 『마인드셋』, 김준수 옮김, 스몰빅라이프, 2017.

80 Roosevelt, T. "Citizenship in a Republic: The Man in the Arena." Leadership Now. leadershipnow.com/tr-citizenship.html (2020년 10월 27일 조회).

81 Neff, K. (2011). Self-Compassion: The Proven Power of Being Kind to Yourself. William Morrow.

82 Dweck, C. (2005). Mindset: The New Psychology of Success.

Ballantine Books.

83 Edmondson, A. (1999). "Psychological Safety and Learning Behavior in Work Teams." Administrative Science Quarterly 44, 350.

84 Delizonna, L. (2017). "High Performing Teams Need Psychological Safety. Here's How to Create It." Harvard Business Review.

85 Kelly, A. (2017). "James Burke: The Johnson & Johnson CEO Who Earned a Presidential Medal of Freedom." jnj.com (Johnson & Johnson website). jnj.com/our-heritage/james-burke-johnson-johnson-ceo-who-earned-presidential-medal-of-freedom (2020년 11월 25일 조회).

86 라이너 마리아 릴케, 『젊은 시인에게 보내는 편지』, 붉은여우 옮김, 지식의숲, 2013.

87 Waldinger, R. (2015). "What Makes a Good Life? Lessons from the Longest Study on Happiness." ted.com https://www.ted.com/talks/robert_waldinger_what_makes_a_good_life_lessons_from_the_longest_study_on_happiness (2020년 10월 27일 조회).

88 Helliwell, J., Layard, R. and Sachs, J. (2019). World Happiness Report. https://worldhappiness.report/ed/2019/ (2019년 8월 23일 조회).

89 에릭 클라이넨버그, 『고잉 솔로: 싱글턴이 온다』, 안진이 옮김, 더퀘스트, 2013.

90 Twenge, J. (2017). "With Teen Mental Health Deteriorating over Five Years, There's a Likely Culprit." The Conversation.

91 Konrath, S. H., O'Brien, E. H. and Hsing, C. (2010). "Changes in Dispositional Empathy in American College Students Over Time: A Meta-Analysis." Personality and Social Psychology Review, 15, 180-198.

92 Hoffman, M. L. (2001). Empathy and Moral Development: Implications for Caring and Justice. Cambridge University Press

93 Dunn, E. and Norton, M. (2013). Happy Money: The Science of Happier Spending. Simon & Schuster.

94 Grant, A. (2014). Give and Take: Why Helping Others Drives Our Success. Penguin Books.

95 Goleman, D. (2004). Destructive Emotions: How Can We Overcome Them? Bantam Books.

96 상동.

97 Winnicott, D. W. (2002). Winnicott on the Child. Da Capo Lifelong Books.

98 Luthar, S. S. and Becker, B. E. (2002). "Privileged but pressured? A study of affluent youth." Child Development, 73(5), 1593-1610.

99 마리아 몬테소리, 『흡수하는 마음』, 정명진 옮김, 부글북스, 2014.

100 Christensen, C. (2012). "The School of Life." Harvard Business School Alumni Online. alumni.hbs.edu/stories/Pages/story-bulletin.aspx?num=814 (2020년 11월 27일 조회).

101 Emerson, R. W. (1909). The Works of Ralph Waldo Emerson: Letters and Social Aims. Fireside Edition.

102 Kuhn, R. (2018). "The Power of Listening: Lending an Ear to the

Partner During Dyadic Coping Conversations." Journal of Family Psychology, 32, 762-772.

103 Wegner, D. M. (1994). White Bears and Other Unwanted Thoughts: Suppression, Obsession, and the Psychology of Mental Control. The Guilford Press.

104 Marcin, A. (2017). 9 Ways Crying May Benefit Your Health. Healthline. healthline.com/health/benefits-of-crying (2020년 11월 27일 조회).

105 Straker, G. and Winship, J. (2019). The Talking Cure: Normal People, Their Hidden Struggles and the Life-Changing Power of Therapy. Macmillan Australia.

106 Pennebaker, J. W. (1997). Opening Up: The Healing Power of Expressing Emotions. The Guilford Press.

107 마크 윌리엄스, 존 티즈데일, 진델 시걸, 존 카밧진, 『마음 챙김으로 우울을 지나는 법』, 장지혜, 이재석 옮김, 마음친구, 2020

108 Ricard, M. (2010). Art of Meditation. Atlantic Books.

109 Fredrickson, B. L. (2001). "The Role of Positive Emotions in Positive Psychology: The Broaden-and-Build Theory of Positive Emotions." American Psychologist, 56, 218-226.

110 Emmons, R. (2008). Thanks: How Practicing Gratitude Can Make You Happier. Mariner Books.

111 Kosslyn, S. M., Thompson, W. L and Ganis, G. (2006). The Case for Mental Imagery. Oxford University Press.

112 Fredrickson, B. L. (2001). "The Role of Positive Emotions in

Positive Psychology: The Broaden-and-Build Theory of Positive Emotions." American Psychologist, 56, 218-226.

113 테레사 에머빌, 스티븐 크레이머, 『전진의 법칙』, 윤제원 옮김, 오지연 감수, 정혜, 2013.

114 Ferrari, P. F., and Rizzolatti, G. (2014). "Mirror Neuron Research: The Past and the Future." Philosophical Transactions of the Royal Society of London. Series B, Biological Sciences, 369 (1644).

115 Seligman, M. E. P., Steen, T. A., Park, N. and Peterson, C. (2005). "Positive Psychology Progress: Empirical Validation of Interventions." American Psychologist, 60, 410-421.

116 Littman-Ovadia, H. and Nir, D. (2013). "Looking Forward to Tomorrow: The Buffering Effect of a Daily Optimism Intervention." Journal of Positive Psychology, 9(2):122-136.

117 Keller, H. (1933). "Three Days to See." Atlantic Monthly. afb.org/about-afb/history/helen-keller/books-essays-speeches/senses/three-days-see-published-atlantic (2020년 11월 27일 조회).

118 Nemeth, C. (1974). Social Psychology: Classic and Contemporary Integrations (7th Ed.). Rand McNally.

119 Sommers, F. (1984). Curing Nuclear Madness. Methuen.

120 니컬러스 크리스태키스, 제임스 파울러, 『행복은 전염된다』, 이충호 옮김, 김영사, 2010.

일생에 한 번은 행복을 공부하라

초판 1쇄 발행   2023년 6월 5일
개정판 1쇄 발행   2024년 4월 25일

지은이   탈 벤 샤하르
펴낸이   허대우

기획 편집   이정은, 한혜인
디자인   도미솔
영업·마케팅   도건홍, 김은석, 이성수, 정성효, 김서연, 김경언
경영지원   채희승, 안보람, 황정웅

펴낸곳   ㈜좋은생각사람들
주소   서울시 마포구 월드컵북로22 영준빌딩 2층
이메일   book@positive.co.kr
출판등록   2004년 8월 4일 제2004-000184호

ISBN 979-11-93300-13-8 (03320)

좋은생각은 긍정, 희망, 사랑, 위로, 즐거움을 불어넣는 책을 만듭니다.
positivebook_insta www.positive.co.kr